初中生物小组合作学习探索与实践

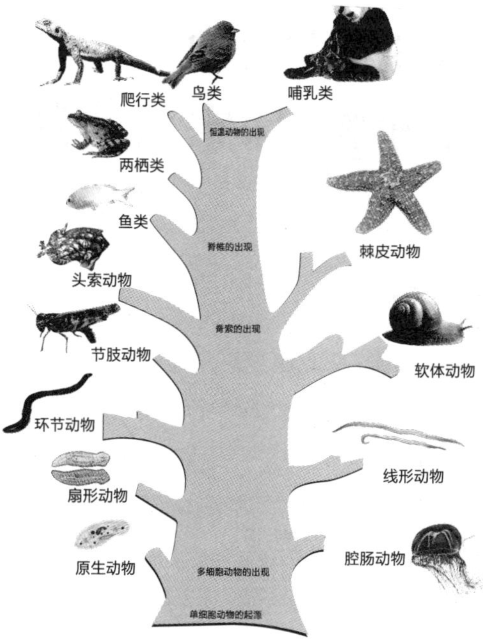

云南大学出版社
YUNNAN UNIVERSITY PRESS
·昆 明·

图书在版编目（CIP）数据

初中生物小组合作学习探索与实践 / 古中标编著
. -- 昆明 : 云南大学出版社, 2019
ISBN 978-7-5482-3781-5

Ⅰ. ①初… Ⅱ. ①古… Ⅲ. ①生物课－教学研究－初中 Ⅳ. ①G633.912

中国版本图书馆CIP数据核字(2019)第174442号

策划编辑：张丽华
责任编辑：张丽华
封面设计：任 微

初中生物小组合作学习探索与实践

古中标◎编著

出版发行：云南大学出版社
印 装：昆明理煋印务有限公司
开 本：889mm×1194mm 1/32
印 张：6.875
字 数：170千
版 次：2019年9月第1版
印 次：2019年9月第1次印刷
书 号：ISBN 978-7-5482-3781-5
定 价：32.00元

地 址：昆明市一二一大街182号（云南大学东陆校区英华园内）
邮 编：650091
发行电话：0871-65033244 65031071
网 址：http://www.ynup.com
E-mail：market@ynup.com

若发现本书有印装质量问题，请与印厂联系调换，联系电话：0871-64167045。

前　言

2001 年 6 月，《国务院关于基础教育改革与发展的决定》启动了我国新一轮基础教育课程改革，教育部制定的《基础教育课程改革纲要》确定了改革目标。从此，新课程走进校园，走进师生的生活。近 20 年来，基础教育课程改革在教育教学实践中不断深化，并昭示出强大的生命力。

教学改革是课程改革的一个有机组成部分。教师教育观念的更新、教学方式和学生学习方式的转变是新课程改革的显著特征和核心任务。朱慕菊主编的《走进新课程——与课程实施者对话》一书中说："课程是学校教育的实体或内容，它规定学校'教什么'；教学是学校教育的过程或手段，它规定学校'怎么教'。"于是，课堂涌现了师生互动、平等参与的生动局面，学习方式开始多样化，乐于探究、主动参与、勤于动手成为教学过程中教师的共识。课堂教学组织学生运用小组合作学习等方式，培养学生合作与交流能力，激发每一个学生的参与意识和学习积极性，成为广大教育工作者和一线教师的实践和研究的对象。

多年来，我对小组合作学习的研究和实践一直有浓厚的兴趣，通过在听课、阅读相关文献、观看视频等中获得的知识和感悟来指导自己的教学实践，并致力于在自己的课堂教学中开展小组合作学习活动。但是由于缺乏整体的认识和系统的研究，小组合作学习常常局限于教学的某一环节，认为课堂教学中只要有小组合作学习的活动便符合新课程及新课改的要求。面对合作学习课堂教学带来的困惑，2017年年初，我提出了初中生物课堂“实施小组合作学习，提升课堂学习效率”的校本研究课题，把自己任教的七年级（2）班作为实验班开展小组合作学习的实践与探究，一个学期来，学生对生物学的学习兴趣提高了，学生在课堂上主动参与、合作交流、互助共赢的学习氛围形成了，学生的学习能力和学业成绩有了很大的进步。2017年秋季，我又把八年级（1）班作为实验班一起来开展小组合作学习的实践与研究。经过一年的教学实践，小组合作的学习模式得到了大家的认可和接受。2018年，“实施小组合作学习，提升课堂学习效率”被广东省教育科学“十三五”规划2018年度中小学教师教育科研能力提升计划（强师工程）项目定为立项课题。

在课题研究与实践中，作为课题组的主持人，我把握理论与实际、学习与反思、实践与总结相结合的研究策略，注重实事求是的研究方法和科学态度，发挥团队精神和集体智慧，学习和研读了国内外大量有关小组合作学习的书籍和文献，主要包括：联合国教科文组织出版的《反思教育》，日本佐藤学著、钟启泉译的《学校的挑战——创建学习共同体》和《教师的挑战——宁静的课堂革命》，英国罗博·普莱文著的《提升学生小组合作学习的56个策略》，朱慕菊主编的《走进新课程——与课程实施者对话》，孙立新主编的《小组合作学习指导策略》，魏秋梅著的《中国教学的革命》等书籍，用书中的理论和策略（案例）指导课题研究和教学实践。课题组成员邱建萍老师、杨继勇老师、邱国生老师、李诗娴老师、陈康柏老师在我的组织和指导下，深入开展小组合作学习研究，在课堂教学改革中大胆实践，在提高课堂学习效率、提升学生的生物科学素养等方面取得了丰硕的研究成果。在课题研究实践过程中，我得到珠海市教育局教研室王树仁老师和金湾区教科培汤凤珍老师的悉心指导和帮助，学校领导胡琨校长、魏炜副校长、周建平书记和实验班级班主任陈康柏老师、刘树聪老师、张雪燕老师给予大力支持和配合。在此对他们在课题研究中付出的劳动和做出的贡献，谨致深深的谢意。

本书第一部分的内容来自对“小组合作学习”的实践研究，选用我和课题组成员多年来对开展小组合作学习的心得体会和研究成果。主要论述班级学生分组、对学习小组组长的培养、学习小组的评价及校本模式下生物教师的专业成长等，明确课堂教学改革离不开教师教育理念的更新、教学方式的改变、学生学习方式的转变等要素，阐明在改革进程中，只有结合校本实际，加强理论学习和实践探索，才能真正处理好“课程与课改”之间的关系。

本书第二部分的内容是“实施小组合作学习，提升课堂学习效率”课堂教学模式构建，来自我的一线教学研究与实践。主要介绍小组合作学习的课堂教学模式，即把课堂由“教师的舞台”转换为“学生学习的场所”，在小组合作学习活动中打造“主题—探究—参与—表现—评价”的高效课堂，创建学习共同体，提高课堂学习效率。

本书的第三部分是对课堂开展“小组合作学习”的教学设计，来自我和课题组成员的日常教学实践。以“小组合作学习”为载体，精心设计课堂教学模式，以学生为主体、教师为主导，开展自主学习、合作学习、探究学习的高效课堂教学活动。教学者结合自身的认识水平和校本实际，做到孔子所说的“知者不惑，仁者不忧，勇者不惧”，彰显了课题组成员的课堂教学特色。

本书的第四部分是反映学生对开展“小组合作学习”的感受和收获。为了更好地反馈“小组合作学习”的成效和不足，正确处理好“教与学”的关系，课题组每学年对实验班级开展“谈小组合作学习的感受和收获”征文比赛。限于本书篇幅，我精心挑选了6篇具有代表性的学生学习心得体会，1篇由合作学习小组撰写的课外实践活动研究报告，同读者一起分享。

“教学有法，教无定法，贵在得法”是我国著名的教育家叶圣陶提出的教学观点。在新时代，面对课堂教学改革大潮，我将继续努力探索，与广大教育工作者和一线教师一起学习研究，共同分享“合作学习”给我们带来的快乐与收获。

最后，承蒙珠海市教育研究中心教科室主任熊志权先生为本书作序，谨致谢忱！

古中标

2019年7月16日

序

自苏格拉底（公元前469年—公元前399年）对教育思想进行研究以来，教育者们就知道，知识的构建和拓展是通过思想的碰撞实现的。20世纪初，西方学者开始对小组合作产生了浓厚的兴趣，他们经过不懈努力和科学研究，一致认为，在适当的外部环境下，团队的智力会非常显著，通常比团队里最聪明的人要更胜一筹。从此，对小组合作在学习过程中的作用的研究引起大批哲学家、心理学家和教育家的关注，并不断涌现出新的合作学习的理念和观点，为今天教育工作者和一线教师开展小组合作学习的实践与研究提供了理论支撑。

近几十年来，全面推进素质教育，提升学生的学科素养，已成为我国教育工作者研究和关注的方向。2001年6月，我国启动了新课程改革，新课程走进校园，走进师生的生活，为教学改革提供了一个崭新的“平台”。于是，围绕课程改革的课堂教学改革成为教育改革中备受关注的话题。广大教育工作者就教师教育思想观念的更新、教学与学习方式的转变，遵循“教学有法，教无定法，贵在得法”的规律进行不断的实践与探索。面对课堂教学改革大潮，中国大地上的课堂教学改革焕发出强大的生命力和创造力。

课堂是学生学习和成长的场所。课堂教学面向全体学生，以学生为主体，激发学生的学习兴趣，充分调动学生学习主动性和积极性，提高课堂学习效率，已成为一线教师教学改革的目标和愿望。初中生物新课标提出“面向全体学生、提高生物科学素养、倡导探究性学习”三个课程理念，要求生物学教师不仅要研究教材，更要认真学习课程标准，在领会标准的基础上，结合学校和学生的实际，创造性地进行教学改革。

小组合作学习既是一种传统的教学方式，也是一种具有现代意识的教学手段，是一种值得一线教师不断研究的教学方式。多年来，三灶中学古中标副校长对初中生物课堂开展小组合作学习活动一直有浓厚的兴趣，并进行积极的实践和探索。为完成自己负责的小组合作学习课题的研究，他通过听课、阅读相关文献、观看视频等来改进和指导自己的教学实践，开展课题研究，致力于在自己的课堂教学中开展小组合作学习活动。由于具有良好的研究基础和实践价值，他主持的“实施小组合作学习，提升课堂学习效率”的课题列入广东省教育科学“十三五”规划2018年度中小学教师教育科研能力提升计划（强师工程）项目立项课题。

教学是一种创造性的活动，其核心就是学生的学习。只有促进学生学习的课堂数学，才具有真正的教育意义。实践证明：初中生物课堂开展小组合作学习活动激发了学生的学习兴趣，增强了学生的自信心，学生在课堂上主动参与、合作交流、互助共赢，能展现出更强的学习能力，激发出更强的学习活力。古中标副校长的生物课堂，改变了少数学生接受知识并完成大部分学习任务，而多数学生只是“旁观者”的课堂教学模式。在他的小组合作学习课堂上，学生充满激情和活力，他们不再拘泥于自己的观点，而是认真地听取、思考别人的观点，并能够平等地参与交流和探究，学生们不再只是强调自己观点的正确性，而是从同伴的观点中获取营养成分，来滋养和丰富自己。

学生间的交流互助，丰富了学生的知识和经验，提高了学生分析问题和解决问题的能力，提升了学生的生物学科素养，让学生真正感受到学习的快乐与收获。

古中标副校长具有较强的科研水平和能力。在初中生物课堂开展小组合作学习的教学活动中，他结合校本实际，在实践中探究，在反思中成长，在总结中提升，形成了自己的教学特色和教学风格。一分耕耘，一分收获。他把多年来积累的教学成果总结成这本书，并邀我作序。盛情难却，我鉴于个人的了解和认知，写了上面的文字。我相信，古中标副校长的著作《初中生物小组合作学习探索与实践》的正式出版，将使书中总结出的经验在珠海初中生物学科教学中得到进一步的实践与应用，给一线教师提供一些必要的知识和方法，使教师们在设计和指导小组合作学习活动中互学互鉴，在生物课堂教学改革中起到积极促进的作用。在此，我祝愿古中标副校长在生物小组合作学习领域的研究能越走越远，取得更大的成绩。

珠海市教育研究中心　熊志权

2019 年 7 月 19 日

目 录

第一部分：对“小组合作学习”的实践研究

课堂教学改革离不开教师教育理念的更新、教学方式的改变、学生学习方式的转变等要素。在改革进程中，只有结合校本实际，加强理论学习和实践探索，才能真正处理好“教与学”之间的关系。本部分内容来自多年来我对“小组合作学习”的实践和研究，期待与读者一起商榷共勉。

做学生喜欢的老师

平日与一些老教师闲聊课堂教学模式时，部分教师认为，教师的责任在于教书，教师必须按照教学大纲中的知识点给学生授课，教给学生的知识点一个都不能少。听他们的课时发现，他们课堂上只是自己在滔滔不绝地讲，没有考虑如何来调动学生学习的主动性和积极性。他们的观点是，课堂上只要每个知识点都讲到了，这节课教师就尽到了自己的责任。考试时不会做题，是学生的问题；如果考的内容教师没讲，那就是教师的责任。而我个人的观点是：教师的天职是教书育人，教师是通过书本——知识的载体，向学生传递人类的文明和价值，最终实现学生有价值的发展，让其成为对社会有价值的人，知识只是载体，不是目的本身；教师工作的目的是育人，教师只要求每个知识点从嘴里过一遍、两遍、三遍，甚至多遍，不管学生是否喜欢听、学生有没有跟着学；如果考试考了而学生不会做题，你就说你已经讲过了，不会做教师也没办法，这是教师在推卸责任。新课程改革已有近 20 个年头，“以人为本”“以学生的发展为本”是课程改革的出发点。在对待教与学的关系上，强调帮助、启发和引导学生，以学生为主体，让学生积极主动参与；课堂要让学生学会学习、学会合作、学会探究。其实，真正重要的是让学生主动参与教学活动。学生如果喜欢你，他就会喜欢上你所教的学科和课堂，就会主动参与学习。这也就是教师的魅力。

近日读了 2018 年第 3 期《中学生物教学》上的一篇文章，文章的题目是《为了学生喜欢》，作者是来自人民教育出版社生物室的包春莹。文章指出，不管是编写教材还是进行教学，必须让学生喜欢。我们应该通过知识、技能的传授，培养学生对生活的热爱，引导学生积极地创造并享受生活，激发他们学习的主动性。因此，正确处理好教与学关系的关键是要让学生喜欢。

1. 要让学生喜欢教师，首先得走近他们并了解他们的需求。每个学科都有自己的特点，为什么要学，学什么，怎么学，教师不但要研究任教学科的教材知识，更要研究任教班级学生的心理诉求。古人云：“亲其师，才能信其道。”因此，走近甚至亲近学生，教师就能体会到学生的学习感受，了解学生的学习和生活，真正了解学生的需求。身边的事实告诉我们：教学业绩突出的教师都会和学生走在一起，尊重学生的个性差异，把学生当成朋友或知己，享受学生的喜欢和拥戴，获取教学相长的成功和喜悦。而随着历史的发展和时代的进步，仅提倡师道尊严的教师已经不再被多数学生接受，只能让部分“好学生”尾随，他们的课堂教学经常会发生一些小摩擦，使教学达不到预期效果，从而抱怨现在的学生越来越难教了。

2. 要让学生喜欢学习，一定要培养学生的学习兴趣。子曰：“知之者不如好之者，好之者不如乐之者。”歌德说过：“兴趣比智力更重要。”兴趣是最好的老师的观点已成为大家的共识。兴趣是推动学生积极学习的一副兴奋剂，有了学习兴趣，学生迸发出强烈的学习欲望，体验到学习的快乐。在教与学的关系上，南宋朱熹指出：“教人未见趣，必不乐学。”而新课改的教学理念继承和发展了前人教中有趣、趣中乐学的观点，更加强调通过培养学生的学习兴趣来提高学生学习的积极性和自觉性，让学生养成良好的学习习惯。

3. 要让学生喜欢课堂，课堂必须充满激情和活力。著名的教育家叶圣陶说过：“教学有法，教无定法，贵在得法。”所谓“有法”，是指不同学科的教学有一定规律可循；所谓“无定法”，是指在具体的教学中并不存在固定不变的万能方法，教学必须结合教学内容、学生和校本实际，所以，最终还得是“贵在得法”。课堂教学作为我国中小学教育教学的主要阵地，课堂教学模式一直备受教育理论界和一线教师的关注。课堂教学折射出教师的教学理念，表达出教师的教学思想，彰显出教师的教学特色。课堂教学应根据教材的内容和特点，结合学生的实际，精心设计教学环节，面向多数学生，以学生为主体，充分调动学生的学习欲望和兴趣，让学生积极主动去参与。课堂知识的传授应做到由浅入深，精讲多练，能力的培养做到课堂有合作交流与实践的时间和空间，让学生去体验和思考，在知识与能力、过程与方法中激发学生的学习兴趣、学习责任及对生活的态度（情感态度及价值观），真正让学生学有所获，这就是教师课堂教学的智慧。智慧的课堂能丰富学生的知识，提高学生的能力，培养学生的品格。因此，发展和提升学生核心素养的关键就在于课堂教学。

德国著名哲学家雅斯贝尔斯说：“教育的本质就是一棵树摇动另一棵树，一朵云推动另一朵云，一个灵魂唤醒另一个灵魂。”教师的精神引领和人格烛照对自己的职业对象至关重要。因此，作为新时代中国特色社会主义时期的人民教师，必须更新教学理念，遵循教学规律，尊重学生的个体差异，结合学生实际，发扬教学民主，张扬学生个性，在培养学生的学习兴趣中促进学生的全面发展。

“实施小组合作学习，提升课堂学习效率”问卷调查

班级：　　　　　　　　　　　　第　　学习小组

亲爱的同学，你好！生物课堂实施小组合作学习已有一个学期，在我们的学习过程中已经越来越深入。你们肯定与老师一样希望自己的学习效率更高，学习效果更好。为此，我想通过此次问卷调查，继续研究小组合作学习中的分组、合作、教学、评价等问题。我希望同学们能配合我如实填写这份问卷，感谢你的支持！（请在相应的选项上打√）

1. 你认为应怎样分组更有助于你的学习？

A. 按座位分组　　　　B. 按学习成绩分组

C. 按兴趣爱好特长分组　　　　D. 不清楚

2. 你觉得一个小组几个人合适？

A. 两个人　　　　B. 四个人

C. 五六个人　　　　D. 八个人以上

3. 你认为你的小组成员组合合理吗？

A. 很合理　　　　B. 还可以

C. 不是很合理

4. 你所在的学习小组各成员之间能够团结协作吗？

A. 能，大家通力合作　　　　B. 偶尔能

C. 不能，都是各做各的

5. 对你的合作学习小组组长，你的评价是：

A. 很满意　　B. 不满意　　C. 无所谓

6. 组长有组织小组成员进行培训交流吗？

A. 经常有　　B. 有时有　　C. 没有

7. 你希望得到小组组长的培训吗？

A. 希望　　B. 不希望　　C. 无所谓

8. 在课堂学习和完成作业过程中，学习小组组长能帮助指导大家吗？

A. 能，很主动　　B. 偶尔能，组长表现出很不耐烦

C. 不能

9. 你和同学讨论的原因是：

A. 自己愿意　B. 同学要求　C. 教师命令　D. 其他原因

10. 你认为“小组合作学习”对你的生物学学习有帮助吗？

A. 很有帮助　　B. 有点帮助　　C. 不是很有帮助

11. 你的合作学习小组成员有明确的责任分工吗？

A. 有　　B. 没有　　C. 不清楚

12. 在进行小组合作学习之前，你对所要讨论的内容：

A. 很明确　　B. 有一点明确　　C. 不太明确

13. 对于别人的发言，你一般：

A. 认真倾听，有意见敢于提出　　B. 不予理会

C. 只听不说

14. 在“你问我答”教学环节，你认为：

A. 由组长去完成　　B. 小组成员轮流进行

C. 对提问题和回答问题很反感

15. 在“先做后学”教学环节，你认为老师安排给你做题和讨论的时间合理吗？

A. 时间太多　　B. 时间刚好　　C. 时间不够

16. 在小组合作学习的过程中，你经常发表自己的观点吗？

A. 经常　　B. 偶尔　　C. 几乎都是听别人讲

17. 在进行小组讨论时，你需要自己有独立思考的时间吗？

A. 不要，老师提出问题就讨论

B. 要，先独立思考再讨论　　C. 无所谓

18. 在小组合作学习过程中，如果对某个问题大家有争论，你会：

A. 听学习优秀的同学的　　B. 坚持自己的观点

C. 不了了之

19. 在“课堂展示”教学环节，你希望老师：

A. 多讲，把问题答案告诉大家

B. 少讲，多让学生思考

C. 无所谓

20. 教学中你喜欢老师：

A. 把问题讲清楚　　B. 有些问题让学生自己学

C. 在小组讨论中解决问题　　D. 无所谓

21. 当你在学习生物学的过程中遇到困难时，你喜欢：

A. 听老师讲解　　B. 自己独立思考　　C. 与同学讨论

22. 你喜欢在什么情况下采用小组讨论交流的方式？

A. 只要有问题时就用

B. 出现有争议的问题没有现成答案时

C. 自己一个人完成不了需要几个人分工合作时

23. 在“巩固提升”教学环节，你希望老师怎么做？

A. 站在前面看着你们，用目光和你们交流

B. 组间巡视，了解每个小组学习的情况，针对出现的问题及时帮助引导

C. 只待在讨论最热烈的那组中

24. 在“课堂小结”教学环节谈本节课的收获，你觉得什么方式最有效率？

A. 小组成员每人说一点

B. 谁愿意就让谁说

C. 每个小组派代表说，其他小组成员可以补充

25. 每节课老师评选的优秀合作学习小组，你认为合理吗？

A. 合理　　　　B. 不合理　　　　C. 无所谓

26. 根据各小组课堂表现情况、完成作业质量和测试成绩等来综合评选每学期的优秀学习小组。你认为：

A. 有必要，可以调动小组成员的学习积极性

B. 没必要，大家不当一回事

C. 无所谓

27. 你认为老师在课堂上对你的评价对你学习生物学是否有促进作用？

A. 有　　　　B. 没有　　　　C. 无所谓

28. 小组合作学习更有助于你什么水平的提高？（可多选）

A. 听说能力　　　　B. 读写能力　　　　C. 学习能力

D. 人际交往能力　E. 语言表达能力

29. 对老师开展的“实施小组合作学习，提升课堂学习效率”这种教学模式，你认为：

A. 很好，对学习很有帮助

B. 不好，大家不感兴趣　　C. 无所谓

30. 谈谈你对今后开展小组合作学习的建议：____________

____

____

____

“实施小组合作学习，提升课堂学习效率”调查研究分析报告

珠海市三灶中学初中生物开展小组合作学习经过了一个学期的教学实践与探究，按照课题组研究方案和规划，课题组对实验班级的学生进行调查反馈。通过问卷调查和访谈的方式，了解和掌握学生对开展小组合作学习的意见及看法，为下一学期的生物课堂开展小组合作学习把脉问诊。

一、调查对象、时间及方法

1. 调查对象：八年级 1 班和 2 班的全体学生。
2. 调查时间：2018 年 1 月 25 日。
3. 调查方法：问卷调查、个别访谈、集体访谈。

二、调查及访谈情况反馈

本次调查设置了 29 道选择题，有单选题和多选题，最后一题（第 30 题）是问答题，题目为谈谈你对今后开展小组合作学习的建议。主要针对合作学习学生分组、学习小组组长在合作学习中所起的作用、在课堂各教学环节开展合作学习的意见和建议、对合作学习的评价等方面进行调查和访谈。发出问卷 100 份，收回问卷 100 份。个别访谈 9 人，集体访谈 24 人，访谈的对象包括学习小组组长、学习小组成员、科代表、班长及

学习委员。

（一）问卷反馈

通过问卷调查和学生访谈，学生反馈的基本情况是：（1）关于学生分组，赞同 4 人组成一个学习小组的有 83 人（占 83%）；关于怎样分组一问，赞同按组员的学习成绩分组的有 69 人（占 69%），按兴趣爱好特长分组的有 28 人（占 28%）；对你认为你的小组成员组合合理吗一问，答还可以的有 66 人（占 66%），答不是很合理的有 33 人（占 33%）；对你所在的学习小组各成员之间能够团结协作吗一问，答能，大家通力合作的有 41 人（占 41%），答偶尔能的有 56 人（占 56%）。（2）对对你的合作学习小组组长，你的评价一问答很满意的有 69 人（占 69%），答不满意的有 19 人（占 19%）；对组长有组织小组成员进行培训交流吗一问，答有时有的 56 人（占 56%），答没有的 35 人（35%）；对你希望得到小组组长的培训吗一问，答希望的有 63 人（占 63%），答不希望的 17 人（占 17%）；在课堂学习和完成作业过程中，学习小组组长能帮助指导大家吗一问，选能，很主动的有 68 人（占 68%），选偶尔能，组长表现出很不耐烦的有 21 人（占 21%），答不能的有 11 人（占 11%）。（3）关于针对课堂教学环节问卷情况，在“你问我答”教学环节，你认为一问，答由组长去完成的有 25 人（占 25%），答由小组成员轮流进行的有 70 人（占 70%）；在“先做后学”教学环节，对你认为老师安排给你做题和讨论的时间合理吗一问，答时间刚好的有 86 人（占 86%），答时间不够的有 13 人（占 13%）；在“课堂展示”教学环节，对你希望老师怎么做一问，答多讲，把问题答案告诉大家的有 46 人（占 46%），答少讲，多让学生思考的有 54 人（占 54%）；在“巩固提升”教学环节，对你希望老师怎么做一问，答组间巡视，了解每个小组的学习情况，针对出现的问题及时帮助引导的有88人（占88%），答只待在讨论最热烈的那组中的有10人（占10%）；在“课堂小结”教学环节谈对本节课的收获时，答每个小组派代表说，其他小组成员可以补充的有70人（占70%），答小组成员每人说一点的有20人（占20%）。（4）对学习小组的评价，关于你对每节课老师评选的优秀合作学习小组，你认为合理吗一问，答合理的有80人（占80%），答不合理的有10人；关于你认为老师在课堂上对你的评价对你学习生物学是否有促进作用一问，答有的有81人（占81%），答没有的有6人；关于根据各小组课堂表现情况、完成作业质量和测试成绩等来综合评选每学期的优秀学习小组一问，答有必要，可以调动小组成员的学习积极性的有86人（占86%），答没必要，大家不当一回事的有2人。（5）对老师开展的“实施小组合作学习，提升课堂学习效率”这种教学模式，你认为怎样一问，答很好，对学习很有帮助的有91人（占91%），答不好，大家不感兴趣的有3人；对你认为“小组合作学习”对你的生物学学习有帮助吗一问，认为有帮助的有97人（占97%）；对小组合作学习更有助于你什么水平的提高一问，答学习能力的有75人（占75%），答语言表达能力的有78人（占78%），答人际交往能力的有65人（65%），答听说能力的有33人，答读写能力的有27人。（6）在其他问题的反馈中，对你和同学讨论的原因一问，答自己愿意的有78人（占78%），答教师命令的有18人；关于对别人的发言，你一般如何做一问，答认真倾听，有意见敢于提出的有65人（占65%），答只听不说的有34人。对在小组合作学习的过程中，你经常发表自己的观点吗一问，答偶尔的有61人（占61%），答几乎都是听别人讲的有21人。

（二）访谈反馈

参与访谈的同学一致认可本学期老师开展“实施小组合作学习，提升课堂学习效率”的课堂教学模式；对每节课老师根据各小组成员的课堂表现来评选优秀学习小组，认为可以调动和促进学生的学习积极性，发扬同学团结互助的精神，促进学生学习成绩的提高；对现在分组情况（四人一个小组、按学习及表现情况分组）认为合理，认为组长在小组合作学习中有核心作用。需要加强的是：对学习倦怠的同学要进行个别教育，调动他们的学习主动性，激发他们的学习热情；对学习小组组长多组织培训，提高组长的组织和沟通能力；对小组学习讨论的内容和小组成员的责任分工要进行启发和指导，使小组合作学习有更强的操作性和目的性。

三、受到的启发和今后措施

1. 科学合理分组是开展小组合作学习的基础。合作学习小组的人数一般为四人，由班主任根据学生的学习成绩和兴趣爱好特长进行分组。按前后两桌组成学习小组，便于合作。

2. 培养合作学习小组组长是开展小组合作学习的关键。组长是小组合作学习的组织者，组长的组织和协调能力直接影响到小组开展合作学习的成效。因此，要加强对合作学习小组组长的培训，指导他们围绕老师开展的学习任务进行小组合作学习活动，培养他们的沟通和协调能力，真正发挥他们的核心作用。

3. 明确合作学习目标和小组成员的责任分工是进行小组合作学习的核心要素。组长应明确学习目标，做好小组成员的分工，使人人都能参与，充分调动组员的学习主动性和积极性，团结互助，通力合作，帮助小组其他成员共同达到预期的合作学习目标。

4. 合作理论认为合作的价值在于通过合作，实现学生间的优势互补。因此，教师要根据教材的内容和特点，精心设计好每一个教学环节，抓住最有利时机组织学生开展小组合作学习活动。

5. 在开展合作性学习活动中，老师要加强组间巡视，了解每个小组的学习情况，针对出现的问题及时帮助指导，对学习热情不高的同学要及时进行教育和鼓励。

6. 评价具有激励与改进的功能。能否正确恰当地运用评价这种手段，对调动学生的学习主动性和学习成效有积极的意义。我们对小组合作学习的评价不但要关注结果，更要关注过程。课堂上，老师通过巡视和学生问答，多给合作学习小组以信任和赞赏，让学生感受合作学习的愉悦；每节课都评选优秀学习小组，使学生增强竞争意识和集体荣誉感；根据各小组课堂表现情况、完成作业质量和测试成绩等来综合评选每学期的优秀学习小组，有利于学生体验到小组合作学习带来的收获与快乐。

7. 合作学习要发挥作用，教师必须培养学生良好的合作学习习惯。一要培养学生积极参与学习活动的习惯。学生要按照老师的要求，在组长的安排下积极参加小组活动。二要培养学生养成认真倾听的习惯。只有学会尊重他人，重视采纳他人意见，才能优势互补，共同提高。三要培养善于肯定别人的优点并敢于质疑的习惯。善于肯定别人的优点和敢于质疑都是良好的合作品质，这两方面有利于小组成员博采众长，取长补短，也有利于深入探究问题，培养创造性思维能力。

对小组合作学习中学生分组的实践研究

组建合作学习小组是开展小组合作学习的前提和基础。学习小组的学习活动与课堂教学开展合作学习的成效密切相关。在初中生物课堂开展小组合作学习的研究与实践中，为了组建科学、合理、稳定的合作学习小组，针对所任教班级的座位安排状况，我向班主任提出学生座位安排的一些具体建议，得到了班主任、任课老师和学生的大力支持和配合。

一、对任教班级座位安排现状的分析

班级座位安排是班主任进行班级管理的一项常规工作，受传统观念和升学压力的影响，班主任安排学生座位，有如下特点：一是考虑到学生的学习成绩和日常行为表现，一般会把学习成绩较好的同学安排在班级座位的第二、三、四、五排的中间位置，把学习基础较差和课堂表现不好的学生安排在靠墙两侧及座位的第一排和最后面一排。这样的座位安排，座位靠中间组成的学习小组在课堂学习活动中表现出主动和积极参与，课堂交流、讨论和发言的学习氛围浓厚；而靠墙两侧和前后排座位组成的学习小组，学习活动表现出被动和弱势，导致小组合作学习活动经常流于形式。二是阶段性调整学生座位。根据学生和学生家长的需求，为了保护和调整好学生视力，要求班主任每四周或每两周调整一次座位。这样学生座位每调整一次，每个学习小组成员就发生了新的变化，导致学习小组成员不稳定，不利于开展小组合作学习和形成小组竞争的学习氛围。三是班主任安排座位后，为了维护好课堂纪律，经常会结合任课老师的意见，把上课注意力不集中、开小差的同学进行座位临时调整。座位临时变动的学生往往会遭到其他学习小组成员的排斥，不利于学习行为有偏差的学生开展正常的小组合作学习活动。

二、对实验班级的班主任安排学生座位的建议

班级座位安排涉及班主任的日常管理工作，也是学生、家长和任课老师比较关心的问题，是对班主任工作智慧和工作艺术的一大挑战。在尊重学生意愿、遵循性格和学习互补的前提下，为了在课堂有效开展小组合作学习活动，我征求班主任和其他任课老师的意见，提出了实验班级座位安排的建议，并得到了班主任和学生的认可和支持。一是组成合作学习小组的座位安排，由相邻两排座位合成，以课桌前后四人组成一个学习小组，便于学生在课堂上开展小组学习活动。二是合作学习小组的性别组成，每个学习小组均有男女同学搭配。三是每个合作学习小组成员的文化基础知识，按优、中和差进行搭配，尽量达到“组内异质、组间同质”的原则。四是每一个月或半个月的座位调整，以学习小组四人为单位进行调整，保证每个学习小组的成员基本保持稳定不变。

三、对实验班级组建合作学习小组的实践体会

1. 组成合作学习小组的人数，以四人一个小组最为合适。四人一组，在开展小组合作学习时，大的小组合作学习活动由组长组织，安排全体成员共同参与，小的小组合作学习活动由

相邻座位的两人进行交流，这样，组内每个学生都有交流、讨论和展示的机会，有利于小组成员的共同参与。

2. 合作学习小组的性别组成，由男女同学搭配，这样学习效果好。男女生混编有利于调动学习小组成员的主动性和积极性，训练他们的学习思维和挖掘他们的学习潜能。从心理学角度而言，不同性别的个体通常在认知风格、能力、技能、性格等方面都存在着诸多差异，在异性面前，学生间的学习情绪会更加稳定，学习行为表现会更加主动。实践证明，由男生和女生组成的学习团队，更容易激发男生的心理自尊，受到这种自尊心的驱使，使得平常不愿表现自己的男生开始尝试着积极表现自我，从而激发学习小组成员的学习兴趣和表现欲望。

3. 按照“组内异质、组间同质”的异质分组原则进行分组。“异质分组”不仅要考虑学生的文化基础知识和学习成绩，也要结合学生的兴趣、爱好、性格特征等因素。“组内异质”是为了让优等生的才能得以施展，中等生得到锻炼，学习困难的学生（以下简称学困生）得到帮助。“组间同质”是为了使小组之间形成合理公平竞争的意识，促进组内合作意识的产生和合作学习能力的提高。这样分组，有利于学生间的优势互补，相互促进，共同进步，在开展小组合作学习活动过程中，激发学生的参与意识，增强小组成员学习的信心，促进学习小组间的公平竞争。

4. 每个合作学习小组的成员相对稳定，有利于小组团结和有效竞争。在开展小组合作学习活动中，成员稳定的学习小组，不但成员间能彼此了解，协调沟通意识强，而且成员明确自己在小组合作学习活动中的角色定位，围绕课堂学习目标中的学习任务，更好地发挥各自的优势。学习小组成员保持稳定，可树立“我为我的小组出力，我以我的小组为荣”的责任感和使命感，在小组学习竞争中可以进一步增强合作学习的能力，激发学生参与学习、乐于学习的兴趣，提高小组合作学习的效率。

5. 教师要做好优等生与学困生的思想工作。对于优等生，要改变他们看不起学困生的心理，帮助他们认识到学困生身上的优点和不足，明白“送人玫瑰，手留余香”的道理，激励和引导他们带动整个学习小组团队的责任感和使命感，促使他们相互学习、取长补短、共同成长。对于学困生，老师要发现他们的闪光点，并进行及时激励和表扬，激发他们学习的主动性和积极性，帮助他们克服学习上的自卑心理，认识到自己是一个“能学习和进步”的人，同时指出他们在学习态度、知识技能等方面的不足，鼓励其不断改进和提升，让他们真正感受到小组合作学习给他们带来的进步和温暖。

6. 教师要帮助合作学习小组积极主动开展小组合作学习活动。对于刚组建的合作学习小组，由于小组成员间的学习态度和学习能力存在一定的差距，常常把小组合作学习的任务推给学习基础较好的同学或组长，其他同学扮演看客和旁观者的角色，这样的小组合作学习活动成了少数人的舞台，没有真正达到小组合作学习的目的和效果。因此，在课堂中如何开展小组合作学习活动，教师对学习小组成员必须有明确的要求和规定，小组合作学习需人人参与，并根据小组团队在讨论和交流中的表现来评价每节课的最佳学习小组。同时，对于开展合作学习活动有困难的小组，老师要进行方法上的指导并及时提供帮助。

学习小组的学习活动直接关系到小组合作学习的成效，只有科学合理分组和进行有效的学习活动才能真正体现出合作学习的价值。在合作中一起学习，在学习中共同进步，在合作中一起提高学业成绩和提升各自的学习能力。

合作学习小组组长的产生及培养

关于组长的产生，我对自己任教的实验班级提出三点建议：一是从学习小组成员中民主产生学习小组组长。二是由任课老师指定学习小组组长。三是由学习小组成员轮流做组长。在征求全班同学意见的过程中（包括问卷调查和部分代表座谈），在学习小组成员中民主产生学习小组组长得到多数同学的赞同。

组长是开展小组合作学习活动的核心人物。组长在组员中要有较高的威信和影响力，具有较强的服务意识，了解并熟悉本学习小组各成员的文化基础知识和个性特征，具有一定的组织、沟通和协调能力。在开展小组合作学习活动中，对老师布置的合作学习任务进行科学合理的任务分工，使小组成员明确自己的职责和义务，各展所长，在交流和讨论中，合作共赢地完成老师布置的学习任务。同时，组长还需配合老师指导和帮助学习上有困难的学习小组成员，督促和检查本小组成员的日常学习情况，并及时向老师反馈。

我在开展小组合作学习的教学实践中，曾经碰到过这样的困惑：一是组长在合作学习活动中包揽了全部学习任务，形成了一枝独秀的局面。二是组长在合作学习活动中对组员的分工和安排，得不到组员的支持和配合。三是个别学习小组组长虽然学习成绩优秀，但组织和协调能力不足，导致该学习小组组员学习不主动，提出不愿意做学习小组组长。四是组长的责任感和服务意识不强，在小组合作学习活动中没有主动组织组员参与，导致小组合作学习流于形式。

因此，要有效开展小组合作学习活动，必须重视对学习小组组长的培训和培养。

1. 组长要明确开展小组合作学习的目的。在初中生物学课堂中开展小组合作学习，一是让学生在小组合作学习过程中能主动探索和学习生物学知识，培养学生的学习兴趣。二是在小组合作学习过程中相互间要学会倾听、学会尊重、学会自律，培养良好的学习态度和学习习惯。三是掌握适合自己的学习方法。按方法论的观点，方法是提高工作效率的关键。学生的学习方法决定学生的学习能力和水平。按照心理学的理论，每个人的大脑中都存在多种智力基础，但每个人的各种智力又存在发展不平衡的状况。对自己有效的学习方法，只能在不断的学习活动中总结出来。开展小组合作学习就是对学习方法的探究与交流，是在进行学习方法的总结。通过长期的小组合作训练，学生将能总结出适合自己的学习方法。四是在小组合作学习过程中相互帮助、互教互学、取长补短，学习和掌握生物学基础知识和基本技能，共同提高学业成绩。同时，要贴近生活，关心大自然中的生命现象，关注生物科学的发展，提升初中学生的生物科学素养。

2. 组长要明确自己的职责和任务。一是组长是学习小组的领头羊，要起到先锋模范带头作用，要求组员做到的自己必须先做到。二是在课堂小组合作学习中，组长对组员要进行合理的分工，并对组员提出明确要求：合作要有秩序，要注意倾听别人的观点，要做好自己的“分内工作”，不要大声喧哗，不要做与合作学习无关的事。三是组长要善于听取组员的意见和建议，民主协商、制定适合本组的一些学习规则，充分发挥组员的特长，形成合力，以促进小组的发展并形成特色。四是组长要协调好组内成员的关系，发挥组长在老师和组员间的桥梁作用，并帮助学习上有困难的小组成员，真正起到传、帮、带的作用。五是在课前预习和课后作业中，协助老师检查和督促小组成员完成老师布置的学习任务。

3. 组长要熟悉老师在课堂开展小组合作学习的教学环节。课堂上为提高小组合作学习的有效性，我结合初中生物学教材的内容和特点，每节课都精心设计了教学环节，主要包括你问我答、学习目标、先做后学、课堂展示、巩固提升、课堂小结、作业布置。除学习目标外，其他教学环节都需要小组合作来完成。因此，组长必须熟悉课堂的教学环节，只有明确每一环节的学习任务，才能真正带动组员开展小组合作学习活动。

4. 组长要提高自己的沟通、组织和协调能力。组长是小组合作学习的核心成员，火车跑得快，全靠车头带。由于组员间学科基础知识、个性特长、学习能力等要素参差不齐，在组织开展小组学习活动中，组长要增进同学间的情感交流，团结小组成员，凝聚团队力量，发挥团队智慧。实践证明：小组内成员心理相容可以为创造性的活动提供积极乐观的气氛，使成员保持良好心境，有利于发挥个人的主观能动性，当学生们在一起合作融洽时，他们学到的就会更多，学得更加愉快。

5. 采用激励措施，及时对组长进行表扬和鼓励。在组织和开展小组合作学习活动中，组长要想尽办法充分调动小组成员的学习主动性和积极性，完成老师布置的合作学习任务。同时，小组之间的竞争，也给组长带来很大的压力。初中学生，年轻好动，每一节课、每一次作业、每一次测试等学习活动，都想得到老师和同学们的肯定和表扬。因此，我通过以学习小组为单位，每节课评选最佳学习小组、每一次作业评出完成质量出色的学习小组、每一次测试以小组的平均分评出学习成绩优异的学习小组，每学期评选优秀学习小组组长等激励措施来激发和调动组长的学习和工作热情。在平时的小组合作学习活动中，对组长表现出来的闪光点，也及时进行表扬和鼓励。

学习小组组长毕竟还是一群十三四的孩子，心智发育还不健全，社会阅历少，经验不足，存在缺乏耐心、容易冲动、表现欲强等心理特征。在开展小组合作学习的活动中，他们的心灵需要得到老师的精心呵护和正确引导，有效开展合作学习需要得到老师的悉心指导，高效开展合作学习的过程需要得到老师的不断启发和帮助。同时，老师还要做好小组成员的思想工作，强调小组成员要相互尊重、善于倾听、和睦相处、相互信任、相互配合、共同提高、一起成长。他们在学习上的进步和合作学习能力的提高需要得到老师的肯定和欣赏。

对小组合作学习中小组评价的研究与实践

一个完整的教学系统必然离不开对学生的学习评价，学习评价是检验教学效率并使教与学不断得到改进和完善的重要环节。在开展小组合作学习的活动中，将个人之间的竞争变为小组之间的竞争，把个人评价和小组评价有机结合起来，可以充分调动合作学习小组成员学习生物学的主动性和积极性，端正学生的学习态度，规范学生的学习行为，提高学生的学习水平和能力，提升课堂学习效率。研究小组合作学习的有效评价，可以使小组合作学习更好地达到以评促学的效果。

一、课堂教学中对学习小组的即时评价

新课程改革要求指出，关注学生在课堂教学中的表现应成为课堂教学评价的主要内容，包括学生在课堂师生互动、自主学习、同伴合作中的行为表现、参与热情、情感体验和探究、思考的过程等等。① 课堂中的即时评价对小组合作学习起着导向和促进作用。课堂教学中对合作学习小组的即时评价，主要是指对学习小组成员在学习过程中的合作态度、合作方法、参与程度、课堂展示和合作效果的评价。①对学生回答问题要即

① 孙立新．小组合作学习指导策略［M］．北京：世界知识出版社，2017：98.

时评价。对于学生回答老师提出的问题，老师经常会指名某个同学来回答，如果该同学回答问题是正确或合理的，就给该同学的学习小组点一个赞；如果该同学不能回答或答题不够理想，该小组其他成员如果直接站起来进行补充和完善，这时也给该学习小组点一个赞；如果该小组其他成员答题还是不够理想，就把答题的机会让给其他学习小组，并根据其他学习小组成员的答题情况给予点赞。②对课堂学习行为要即时评价。在课堂教学安排的自主学习环节中，对课堂上老师布置的学习任务，学习小组成员能积极参与并主动完成的，点一个赞。③对课堂学习表现要即时评价。在小组交流讨论环节，对合作有组织、有秩序、小组成员积极发言并善于倾听他人的观点，不做与合作学习无关的事的，点一个赞。④对学生在课堂上的展示要即时评价。对能结合本节课学习目标中的知识、能力及情感态度和价值观，说得比较全面合理的学习小组，点一个赞。⑤对课堂学习效果要即时评价。在习题巩固教学环节，对完成习题达到快、准、齐的学习小组，点一个赞。

二、课堂教学中对学习小组的激励性评价

“为了每一位学生的发展”是新课程改革的核心理念。课堂应面向全体学生，提高学生在课堂教学中的参与率，充分发挥他们学习的主动性和积极性。[①] 智慧型的教师不仅会尊重每一位学生，还会关注每一位学生的学习表现，懂得欣赏每一位学生所取得的哪怕是极其微小的进步，赞赏每一位学生所付出的努力和所表现出的善意。为了激发学生在小组合作学习活动

① 朱慕菊．走进新课程——与课程实施者对话［M］．北京：北京师范大学出版社，2002：173.

中的学习积极性，提高合作意识，应将对个人的激励评价和小组集体评价结合起来，从而从多个角度调动每个学生学习的主动性和积极性。对文化基础知识不扎实和学习被动的学生，教师在课堂上要有目的地关注他们，经常走到他们的身边，帮助他们解决一些学习上的困惑，发现他们在课堂上表现出的闪光点和学习变化，及时用正能量的语言激励他们，比如××同学这节课学习表现很认真；××同学不仅在课堂上能说出自己的看法，还善于倾听他人的意见；××同学在近期的课堂表现上有很大进步等等，并给该学习小组点一个赞。在师生互动环节，创设一定的教学情景，适时叫他们回答一些比较容易的问题，只要他们敢于发言，答案有一定的合理性，就让全班同学集体鼓掌激励他们，并给该学习小组点一个赞。对课堂教学中的生物学基本概念、生物学基本原理、生物学实验中的一些探究性问题，可以让大家举手发言，对问题的回答只要富有针对性、合理性和创新性，就动员全班同学集体鼓掌表扬他们，并给该学习小组点一个赞。

三、在每节课中评选最佳合作学习小组

我每节课将教室讲台墙上的黑板划分成两部分，一部分用于课堂教学板书，另一部分用于记录十二个学习小组在课堂教学中被点赞的次数。每节课的课堂教学结束后，根据黑板上学习小组获得点赞的次数多少来评选本节课的最佳学习小组。为激励同学们在小组合作学习活动中的学习热情和学习表现，每节课至少应评出六个以上的最佳学习小组，让科代表负责记录在小组合作学习评价笔记本上，作为学期末评选本学期优秀合作学习小组和智慧合作学习小组的一项重要指标。

四、根据作业完成情况对学习小组进行评价

为巩固和夯实生物学基础知识和基本技能，提高学生的答题能力，学校为每一位学生购买了一本配套课堂教学用的练习册（《南方新课堂金牌学案》）。在课堂教学中，课本上的“思考与练习”习题和《南方新课堂金牌方案》的部分习题，一般安排在课堂教学环节中的先做后学和巩固提升环节中当堂解决，《南方新课堂金牌学案》剩下未完成的部分习题，作为当天的作业，要求学生当天完成。完成作业有困难的同学可以请教老师和其他同学，也可以通过小组交流讨论一起完成。学习小组组长负责督促和检查本小组成员的作业完成情况，组长检查完作业后用红笔批上检查日期并签上自己的名字，同时收齐本组成员的作业后交给科代表，科代表再把各个小组的作业一并交给老师进行检查和批改。老师根据各个合作学习小组成员的作业是否交齐、作业完成的准确度、组长是否认真检查并签署日期及姓名来评价合作学习小组作业完成的质量情况，每次作业均以学习小组为单位评出作业完成最棒小组。

五、根据单元（章节）及期中和期末考试对学习小组进行评价

学生的考试成绩是教育主管部门对教师教学和学生学习评价的主要手段。考试对实现课程的教学目标具有评价与监控、诊断与反馈、激励与导向等基本功能。经验和研究都表明，在一定的限度内，经常进行记录成绩的测验对学生的学习动机具有很大的激励作用，可以有效地推动课堂学习。在平时的教学活动中，学完每一单元，都安排一次测试来检测同学们的学习效果。每一次测试，对每一个同学的试卷老师都要进行认真批

改，比较、分析每个学习小组及各成员的成绩差异，统计好每个学习小组的优秀人数和平均分，把优秀率和平均分排在前六名的小组定为学习成绩优秀合作小组，在班上进行通报和表扬。每学期的期中和期末考试，一般由学校统一出题和集体评卷，也以学习小组为单位，评出本次考试学习成绩优秀的合作小组。

六、在学期末对每个学习小组进行综合评价

每学期末，我都召集十二个学习小组组长和科代表一起来评出本学期的优秀合作学习小组和智慧合作学习小组。评价的指标主要根据学习小组每节课的课堂表现、每一次的作业完成情况、每一次测试和考试的成绩来综合评价。其中课堂表现占40%，作业完成情况占30%，测试和考试的成绩占30%。一个学期下来，课堂表现获点赞次数最多的学习小组为第一名，该项得分40分，依此类推；获作业完成最棒小组次数最多的为第一名，该项得分为30分，依此类推；获测试和考试的成绩优秀合作小组次数最多的为第一名，该项得分为30分，依此类推。根据“实施小组合作学习，提升课堂学习效率”学习小组评分表（表1）算出各个学习小组的实际得分，按照得分的高低进行排名，达到80分以上的小组为优秀学习小组，给组长和组员颁发奖状和学习文具。分数在60至79分的小组为智慧学习小组，给组长和组员颁发奖状。

表1 “实施小组合作学习，提升课堂学习效率”学习小组评分表

排名	课堂表现（分）	作业完成（分）	测试和考试成绩（分）
第1名	40	30	30
第2名	38	28	28

续 表

排名	课堂表现（分）	作业完成（分）	测试和考试成绩（分）
第 3 名	36	26	26
第 4 名	34	24	24
第 5 名	32	22	22
第 6 名	30	20	20
第 7 名	28	18	18
第 8 名	26	16	16
第 9 名	24	14	14
第 10 名	22	12	12
第 11 名	20	10	10
第 12 名	18	8	8

合作学习的最大优点在于保障每一个学生“冲刺与挑战的学习”。① 通过对实验班级的学习小组开展积极的评价活动，学生学习生物学的兴趣增强了，学习小组成员团结互助的合作意识加强了，班级学习小组学习竞争的氛围形成了，学生交流沟通能力、合作学习的方法和水平及学业成绩等得到有效提高和改进。学生的学习兴趣影响了学生的学习态度，学生的学习态度改变了学生的学习习惯，良好的学习习惯成就了学生的学业成绩。在学校组织的生物学期中和期末考试中，实验班级的优秀率、及格率和平均分均排在年级第一名，达到了“实施小组合作学习，提升课堂学习效率”的课堂改革实验效果。

---

①〔日〕佐藤学．学校的挑战——创建学习共同体［M］．钟启泉译．上海：华东师范大学出版社，2010：29.

初中生物课堂开展小组合作学习的实践与探究

2017 年 9 月，为参与学校课堂教育教学改革，提升课堂学习效率，三灶中学生物课采用小组合作学习模式，开展课堂教学改革研究。我们以教研促教改，以教改促进课堂教学的有效性，开展了“实施小组合作学习，提高课堂学习效率”校本课题研究。此课题被广东省教育厅定为 2018 年广东省教育科学研究立项课题。课题以“关注学生的学习过程与发展，提高学生的生物科学素养”为目标，以培养和发展学生创新能力和合作能力为重点，根据新课改理念，结合本校学生实际，研发“自主、合作和探究”的学习课堂，形成有校本特色的小组合作学习教学体系。通过组建科学合理的合作学习小组，改变小组合作学习方式，激发每一位学生的学习兴趣，为学生创造一个愉快、互助和共赢的合作学习环境；通过建立激励评价和有效评价制度，发挥学生在小组合作学习中的主动性和积极性，开发学生的合作学习潜能，培养和强化学生的合作意识；通过对合作性学习课堂的研究与实践，改变本校生物课堂的教学方式，构建“实施小组合作学习，提高课堂学习效率”的高效课堂教学模式。

一、合理组建班级课堂合作学习小组

合作学习是一种结构化的、系统的学习策略，由多名能力各异的学生组成一个小组，以合作和互助的方式从事学习活动，共同完成小组学习目标，在提高每个人的学习水平的前提下，提高整体学习成绩。① 科学合理分组，是合作学习的一个重要因素。我任教的八年级两个班级中，由于其他学科没有开展小组合作学习模式，同时，为保护好学生的视力，根据家长和学生的要求，每个月学生的座位必须调整一次。这些客观因素给组建课堂学习小组带来一定的困难和压力。为确保课堂学习小组成员的稳定性和合作学习成效，我向班主任建议，根据学生的性格特征和文化基础知识的差异合理安排座位，每次调整座位，学生座位可以变化，但学习小组成员基本保持不变，这项工作得到班主任和学生的支持和配合。因此，我根据班级实际和学生特征，确定了四人（个别小组五人）为一个学习小组，全班共分为十二个学习小组，为生物课堂实施小组合作学习模式奠定了基础。

二、选拔和培训学习小组组长

组长是开展班级小组合作学习的核心人物。火车跑得快，全靠车头带。要想充分发挥小组合作的优势，提高合作学习的有效管理水平，组长必须具备一定的组织、协调和沟通能力，了解本学习小组各成员的基础知识和个性特征，对组内人员进行学习任务分工，使小组成员明确自己的职责和任务，各尽所

① 刘玉静．合作学习教学策略［M］．北京：北京师范大学出版社，2011.

长，在交流和讨论中，合作共赢地完成老师布置的学习任务。同时，在开展小组合作学习中，组长还需配合老师监督、指导和检查本小组成员的学习情况，及时向老师反馈。因此，在征求和收集班级学生的意见后，我采用每个学习小组民主推荐、选拔的方式产生组长。同时，根据生物课堂开展合作学习的教学模式需求，明确了组长职责，并适时对组长进行集体培训和个别培养。针对组长在开展小组合作学习中出现的管理困惑和竞争压力，我不断给予他们方法的指导和帮助，提高他们的组织和协调能力，勉励他们增强自信，勇于挑战，战胜困难，在每学期期末通过评选优秀学习小组组长来激励和调动组长的主动性和积极性。

三、实施小组合作学习课堂教学模式

课堂是实施小组合作学习的主战场，教学方法则是实施小组合作学习的主要手段。精心设计和研究学生有效参与合作学习方法与途径的课堂教学模式，是实施小组合作学习的关键。①我通过课堂教学的实践和研究，结合本学校教学资源和学生实际，确定了“实施小组合作学习，提高课堂学习效率”的课堂教学模式，主要包括你问我答、学习目标、先做后学、课堂展示、巩固提升、课堂小结和作业布置七个教学环节。（1）你问我答：由一个学习小组安排一位同学提问，另一个学习小组安排同学回答，在问和答之间，学习小组成员可以相互补充和完善，每节课提三个问题，共六个学习小组参与，提问的内容主要是上节课学习的知识内容。此教学环节主要起到课堂教学复

① 王鉴．合作学习的形式、实质与问题反思［J］．课程·教材·教法，2004（8）．

习巩固已学知识和引入新课的作用。（2）学习目标：通过引入新课，用 PPT 展示本节课的学习目标，包括知识目标、能力目标和情感态度及价值观，让学生知道本节课要学习的知识内容和学习要求。（3）先做后学：此教学环节让学生先通过阅读课文和完成一定的习题熟悉本节课要学习的知识点。学生在阅读课文和完成习题时，学习小组成员可以相互交流和讨论，组长负责指导和督查。（4）课堂展示：围绕本节课的学习目标，老师设置相关问题，指导和启发学生去思考、体验、分析、感悟和理解本节课要学习的知识内容，提高他们自主学习、合作学习和探究学习的能力。（5）巩固提升：结合本节课的学习目标，老师设置一定量的习题要求全体学生完成，当习题答案出现争议时，学习小组成员可以相互交流和讨论，讨论的意见如果不统一，可以举手向老师进行请教。学生通过完成习题可以巩固本节课的知识点，提高学生分析问题和运用知识解决问题的能力。（6）课堂小结：课堂小结一般是老师让不同类型学生（好、中、差）来谈本节课的收获，通过学生谈学习上的收获，要求学生对本节课所学知识点进行梳理和总结，使学生明确本节课学习了哪些基础知识，学会了哪些基本技能，在学习中产生了哪些情感体验及学习态度。（7）作业布置：此环节的内容主要包括课后作业和课后预习，是让学生课后去复习和巩固本节课的知识内容，提升学生答题能力，并通过预习了解下节课所要学习的知识内容。小组成员的作业先由组长进行检查，然后以小组为单位交给老师进行检查。以上教学环节，除学习目标外，其他环节均可采用小组合作和竞争的学习方式，以组长为核心，通过小组合作来完成教学内容和学习任务。

四、开展小组合作学习的评价

有什么样的评价理念，就有什么样的学习过程。从某种意义上说，评价是合作学习的指挥棒。适时和恰当的评价，能激发学生的学习兴趣，增强学生参与合作的意识，使学生收获成功的喜悦。每节课的课堂教学评价，对表现优秀和进步的学生进行口头表扬和集体鼓掌激励，我主要采用了教师评价和小组互评的形式，以小组为单位，评选优秀学习小组。评选的依据包括小组成员在合作学习中的主动性、积极性、参与度以及学生在活动中情感、态度、能力的体现，用它们衡量合作学习小组的整体实力。此外，以每节课对学习小组的课堂评价、各小组完成每一次老师布置的学习任务（包括作业）的情况及考试成绩等为主要指标，每学期评选优秀学习小组，颁发证书，授予优秀合作学习小组荣誉称号，并给予一定的物质奖励。通过这些评价手段，学生知道什么行为是有价值的，能得到大家的认可；激发了小组成员的学习兴趣，并在学习活动中尽可能地展示自己的才华；学习小组成员团结协作、互促互学，小组成员乐意为共同的学习目标和集体荣誉而一起努力，培养了学生良好的合作意识和品质，提高了学生的合作技能和学业成绩。

五、开展小组合作学习取得的成效

当代生物课堂教学必须重视培养学生的合作意识与合作能力，提高学生的生物科学素养。通过一个学期的研究和实践，我有以下收获：（1）学生的学习行为和学习观念得到改变。课堂学习中的主动性、参与性和合作性等方面得到提高，学生的自主、合作和探究的学习能力在学习过程中得到很好的体现。（2）培养了学生的合作精神。由多人组成的学习小组，要想在整个班级中取得优异成绩，就必须精诚合作，将个人融入这个小小的集体中，一切以集体利益为出发点。经过长时间的磨合和训练，课堂小组合作学习的魅力得到体现。（3）增强了学生的平等意识。在合作学习中采用异质分组的方式，将不同学习能力、学习兴趣、性别、个性的学生分配在同一组内，学习小组每一成员可以平等交流、相互启发和补充，不存在谁不行、谁更聪明的问题。这样，学生之间的关系会更平等，更民主，有助于一个良好班集体的形成。（4）提高了学生的学业成绩。在本学期期中考试中，学校生物学科采用了珠海市文园中学的期中考试试题，“实施小组合作学习，提高课堂学习效率”课堂教学实验班级八年级（2）班和八年级（1）班，班级学生的优秀率、平均分和及格率在八年级十个班级中分别居第一名和第二名，考试分数排在年级前十名的同学中，八年级（2）班和八年级（1）班的学生占了五人，年级最高分 94 分由八年级（2）班谈琰琦同学获得。

对小组合作学习的再思考

2015 年春季，我有幸参加了金湾区外国语学校组织的课堂合作学习的专题培训。第一天，我听了重庆市沙坪区教师进修学院龚雄飞院长的专题讲座，演讲的题目是“同伴助学，新课程合作学习的理念与行动”。龚院长以“依靠学生、相信学生，发展学生是合作学习的新思路”为主线，阐述合作学习的三大魅力：一是学生的“盲点”，合作补充把“盲点”做亮；二是学生的误点，合作纠错把“误点”做对；三是学生的“弱点”，合作总结把“弱点”做强。对小组合作的建设和方法提出许多新的观点。培训第二天，又听了山东省即墨十八中曲素云老师一节七年级数学课。曲老师以两个同学为一个学习小组，两位同学确立师徒关系的小组合作模式，学习活动中发扬师傅的雷锋精神，帮助徒弟来提高学习水平和能力。龚雄飞院长和曲素云老师的合作学习理念，让我受益匪浅。

三灶中学创办于 1957 年，在珠海市金湾区是一所历史较长的学校，在今天教学管理的观念下，我们强调以老带新、以新促老的教师培训管理模式。由于学校部分教师对新课改理念学习和培训有倦怠心理，在教学工作中更习惯于传统的常规教学模式，在平日常态化的课堂教学中，教师更多地关注怎样设计教学过程，怎样突出教学重难点，怎样设计板书。这种设计对于“我要学”的学生，在课堂上收到了一定的教学效果，但对

“要我学”的学生，这种教学设计很大程度上只是教师的一相情愿而已，忽略了学生的学习过程和学习感受，这样的教学束缚了学生的思维活动和主动参与，从而影响了整体的课堂教学效果。

新课程的实施已经十多年了，今天的课堂教学，学生已成为教与学的主人，教室只是一个舞台，教师在课堂上扮演的角色是导演，每一位学生才是真正的演员，只有让全体学生主动参与和积极投入，才能收到精彩的表演效果。因此，在课堂教学中，教学组织形式多样，出现更多的师生互动、学生互动、人人平等参与的教学设计，是今天课堂教学改革的必然要求。学生参与小组合作探究的学习方式成为其中一个闪光的亮点。在这个学习过程中，学生能自由组合、主动参与、分工协作和相互帮助，可以把自己的思路和别人共享，拥有评价和讨论他人观点的时间和空间，通过思维上的碰撞和共鸣达到对知识的理解和掌握。这次培训活动，就课堂合作学习而言，带给我一些新的启示。

一、教师必须领悟和教会学生合作学习的基本方法

合作学习是由多名能力各异的学生组成一个小组，以合作和互助的方式从事学习活动，在保证每个人的学习参与前提下，共同完成小组学习任务，提高整体学习成绩。合理分组是进行合作学习的一个前提条件，可根据学生的文化基础、知识水平、兴趣爱好、个性特长及感情友谊等特征来进行组合。火车跑得快，全靠车头带。选好每个合作学习小组的组织者（组长）是完成小组合作学习任务的关键，先由老师对组长进行培训，指导和启发他们如何组织小组成员完成小组合作学习任务，再由组长对学习小组成员进行培训和训练，让每一个人在多次训练

中找到合适自己的位置，或者说去适应某个角色。在合作学习过程中，小组交流的每一位学生，不但要表述自己的见解和看法，而且要善于倾听他人的意见。这样，人人就能感受到交流的快乐，分享合作的愉悦。现代心理学启示我们，不同思维的碰撞才会产生对知识点的记忆和理解的火花，从而在真正意义上获得团队学习效果。因此，合作学习，不教给学生方法，小组学习就会在一张张叽叽喳喳小嘴的废话中耗掉学习时间，学习行为和方式并没有得到实质的转变，小组合作学习就失去了重全员参与、重情感体验、重人文关怀与合作的真正意义。

二、教师是课堂合作学习的主动参与者

在平时的听课活动中，我发现很多教师为了体现课堂有合作学习的环节，在课堂教学中，抛出合作学习任务后，教师站在讲台上，让学生小组展开学习与讨论，在看似热闹的情景中，小组学习经常是某几个人在表演，常常给某些学生创造了开小差、做小动作的机会，小组合作学习只是反映在形式上，实质上小组学生没有真正开展有效性的学习活动。其实，合作学习的内涵在于全员参与，当然也包括教师参与，教师必须参与到小组学习的情景中，和他们一起交流，并指导他们如何发表自我见解，或者以自己的发言暗示诱导学生如何发言，教给学生如何说出自己的观点和感受，逐渐培养学生发言的兴趣和习惯。因此，当课堂教学进入到合作学习环节中，教师要主动走下讲台，积极参与学生的小组合作学习，在“察言观色”中及时调控学习小组学习氛围。一花开放不是春，万花开放春满园。小组合作学习的魅力在于大多数学生的积极参与和踊跃发言，学生们都想把自己的想法和感受说出来。课堂教学的有效性在于课程目标的实现，只有通过教师教学实际操作，激发学生的学

习兴趣，让学生经过独立思考、全身心投入、有感而发，以及思维的交流，才能使学生有所领悟、受到启发和得到收获，这样开展的合作学习才具有价值和成效。

三、教师要改变传统的教学评价行为

在传统的教学评价行为中，正确的观点总会得到师生的褒扬，错误的言论会受到排斥和讥笑。教师为了完成本节课的教学任务，总考虑着哪些学生的答案会跟自己的思路保持一致，不希望学困生有更多的言语或观点拖延教学时间。因此，优秀生在老师不断的表扬声中信心十足，表现欲更强；而大多数学生却在师道尊严的权威下和优秀生的发言中显得战战兢兢，他们不敢多嘴，怕同学讥笑，怕老师棒杀，怕说不好给自己带来一些不快，干脆充当看客，什么也不说。新课改要求课堂要面向全体学生，一个班近50个学生，每个人的思维能力和对学科基础知识水平的掌握参差不齐，如果教师用一把尺子来评价学生的课堂表现，这样的教学评价行为只会扼杀学困生个性，压抑他们的思想，泯灭了个人发言的积极性。学困生由于有自卑心理和知识上的先天不足，往往对学习缺乏兴趣和愿望，对课堂和老师存有紧张恐惧感，不敢发表自己的意见，总认为自己不行，缺乏自信。因此，在合作学习环节，对学困生教师要善于运用赞许和期待的目光来捕捉闪光点，多用“你今天又进步了”“你表现很棒”“你一定行”这些语言，让学困生树立自己学习的信心和希望，感受到成功的欢乐，获得成功的体验。其实，把学困生的学习兴趣激发出来，是提高课堂教学质量的关键，同时体现出一个教师的教学智慧和教学风格。

早在两千多年前，大思想家、大教育家孔子就说过：“三人行必有我师焉。”在学习过程中，人各有所长，也各有所短，同学间的互教互学，相互讨论与交流，能取长补短，能促进小组成员对知识的深刻理解。相互间的质疑和争辩，还能促进各自思维能力的提高。关注教与学的过程是新课改的基本课题，也是新课改能否成功实施的关键。小组合作学习是新课程所倡导的一种新的学习方式，在促进学生间的情感交流、互帮互学、共同提高，发挥学生学习的主动性方面起着积极的作用。教学管理者和教师应加强研究，努力探索，不断提高小组合作学习的实效性。

“学案导学、小组合作”课堂教学的实践与探究

多年以来，珠海市初中阶段的生物学学科的考试评价，是以初中生物学业水平考试卷，根据学生取得的实际分数，按学生考试人数比例转化成等级 A、B、C、D 来体现，其中 D 等级的学生只占参考人数的 5%，学生只要取得 C 等级以上就能就读珠海市的国家示范性高中和普通高中。近几年来，珠海国家示范性高中招生总人数一直不到考生人数的 30%。在这种评价体制下，初中生物学科被学生定为“副科”。因此，生物学科的学习得不到学生、家长及学校的重视，课堂教学中多数学生被动学习，课后作业和巩固复习学生常应付了事，课前预习更是老师的一种奢望。

一、课堂教学带给我的困惑和思考

1. 课堂教学带来的困惑：（1）学生注意力不集中。（2）上课迟到、开小差、趴台。（3）上生物课做数学、英语等“主科”作业。（4）课堂提问不想举手或回答问题引起班级同学哄堂大笑。（5）课堂不带课本等。原因：D 等级的学生只有 5%，平均下来每个班就 2 至 3 人，课堂就算敷衍了事也能考个 C 等级以上，绝大多数的同学缺乏学习生物学的动力和兴趣。

2. 学生完成习题和作业的困惑：学校为生物学科购买了与

课本教学配套的练习册《南方新课堂金牌学案》，一个学期下来，50%以上的同学没有在练习册上留下几个字，整本练习册一片空白；30%左右的同学只是简单地做了部分选择题；只有大约10%的同学认真去完成老师布置的相关习题。原因：生物不属于主科，学生课后没有时间、精力和兴趣去完成生物作业。

3. 留给我个人的思考：珠海市教育主管部门多年来对生物学科的评价体制我们是不能改变的。以学生为主体，开展小组互助合作学习，激发学生学习生物学的兴趣，优化课堂教学环节，精讲多练，以练促学，把《南方新课堂金牌学案》的多数习题在课堂上解决，课堂采用竞争和激励机制，让学生全员参与，提高课堂40分钟的学习效率，是解决这些问题的最有效的途径。

二、“学案导学、小组合作”的过程与方法

为培养学生学习生物学的兴趣，巩固和提高学生初中生物学的基础知识和基本技能，提升学生的生物科学素养，结合学校和学生的实际，在2016至2017学年第二学期，我把学校为学生购买的与课堂教学配套的练习册《南方新课堂金牌学案》多数习题开发利用为导学案，对任教的班级七年级（2）班实施了“学案导学、小组合作”学习模式的生物课堂教学改革的实践与探究。

1. 学生分组：在尊重学生意愿、遵循性格和学习互补的前提下，为了在课堂中有效开展小组合作学习活动，我征求班主任和其他任课老师的意见，提出我所任教班级座位安排的建议，并得到了班主任、任课老师和学生的认可和支持。一是组成合作学习小组的座位安排，由前后两排座位合成一组，以课桌前后四人组成一个学习小组，便于学生在课堂上开展小组学习活

动。二是合作学习小组的性别组成，每个学习小组均有男女同学搭配。三是每个合作学习小组成员的文化基础知识，按优、中和差进行搭配，尽量达到“组内异质、组间同质”的原则要求。四是每一个月或半个月调整座位时，每个学习小组的成员基本保持稳定不变。

2. 组长的产生：对于学习小组组长的产生，我对自己任教的实验班级提出三点建议：一是由学习小组成员中民主产生学习小组组长。二是由任课老师指定学习小组组长。三是由学习小组成员轮流做组长。在征求全班同学的意见中（包括问卷调查和部分代表座谈），由学习小组成员中民主产生学习小组组长的建议得到多数同学的赞同。

3. 组长的职责和任务：一是组长是学习小组的领头羊，要起到带头示范作用，要求组员做到的自己必须先做到。二是在课堂小组合作学习中，组长对组员要进行合理的分工，并对组员提出明确要求：合作要有秩序，要注意倾听别人的观点，要做好自己的“分内工作”，不要大声喧哗，不要做与合作学习无关的事。三是组长要善于听取组员的意见和建议，民主协商、制定适合本组的一些学习规则，充分发挥组员的特长并形成合力，以促进小组的发展并形成特色。四是组长协调好组内成员的关系，发挥组长在老师和组员间的桥梁作用，并帮助学习上有困难的学习小组成员，真正起到传、帮、带的作用。五是在课前预习和课后作业中，协助老师检查和督促小组成员完成老师布置的学习任务。

4. 组长的培养：组长是合作学习小组的核心成员，火车跑得快，全靠车头带。一是培养组长提高自己的沟通、组织和协调能力。二是帮助组长明确开展小组合作学习的目的。三是培训组长熟悉教师在课堂开展小组合作学习的教学环节中小组要参与的学习活动。四是要求组长明确各自的职责和任务。五是鼓励组长增进同学间的情感交流，团结小组成员，凝聚团队力量，发挥团队智慧。六是采用激励措施，及时对组长进行表扬和奖励。

5. 对学习小组的评价：（1）课堂教学中对学习小组的即时评价（对课堂表现的点赞）。（2）每节课评选最佳合作学习小组（根据整节课点赞的次数评定）。（3）根据习题和作业完成情况对学习小组的评价。（4）单元（章节）及期中和期末考试对学习小组的评价。（5）学期末根据课堂表现、习题及作业完成和考试成绩对每个学习小组进行综合评价。（6）对每学期评选的优秀学习小组组长和组员进行表彰和奖励。

6. 改革课堂教学模式：把《南方新课堂金牌学案》相关习题开发利用为导学案，采用小组合作学习的模式当堂完成。每节课的课堂教学环节主要包括：你问我答、学习目标、先做后学、课堂展示、巩固提升、课堂小结、作业布置。其中，把先做后学、课堂展示、巩固提升这三个教学环节与《南方新课堂金牌学案》的相关习题有机结合起来，利用先做后学教学环节完成《南方新课堂金牌学案》自主预习的习题，利用巩固提升教学环节完成《南方新课堂金牌学案》课堂练习全部习题和能力展示的选择题，利用课堂展示教学环节解决《南方新课堂金牌学案》部分综合性与探究性习题。

三、“学案导学、小组合作”取得的成效

1. 激发了学生对生物课的学习热情和兴趣。合理的分组使每个学习小组成员彼此接纳；组长的培养提高了他们的组织、沟通、协调等能力，组长的引领带动了小组合作学习活动的有序进行；每节课评选最佳学习小组激发了同学们的合作、竞争

意识和集体荣誉感；学案导学，小组互助，让学生感受和分享到学习的快乐。

2. 利用课堂解决了《南方新课堂金牌学案》相关习题，巩固提高了学生的生物学基础知识和基本技能。真正学会和掌握课本中生物学的概念、生物学原理及生物学现象等，仅靠课文的知识内容介绍是远远不够的，需要完成一定量的习题来巩固和提升。我把学校帮学生购买的《南方新课堂金牌学案》开发利用为导学案，既减轻了老师课堂选用习题的工作量，又使生物课堂做到精讲多练。

3. 创建了符合班级实际的小组合作学习生物课堂教学模式。课堂教学改革后的教学模式包括你问我答、学习目标、先做后学、课堂展示、巩固提升、课堂小结、作业布置共七个环节，除学习目标教学环节外，其他教学环节均采用小组合作学习模式进行教与学活动，围绕本节课的学习目标，通过《南方新课堂金牌学案》导学案，开展自主、合作、探究和竞争等学习活动，让学生在课堂上明确学什么，怎么学，并在小组合作互助中真正学有所获。

4. 小组合作学习使学生养成了良好的学习习惯，掌握了一定的学习方法。根据“学案导学、小组合作”的课堂教学模式，在你问我答教学环节，学生需在课前复习上节课的知识内容；在先做后学教学环节，老师对较快又准确完成自主预习习题内容的学习小组给予表扬和点赞，可促使学生提前预习新课；在课堂展示、巩固提升和课堂小结的教学环节中，学生和学习小组有明确的学习任务，驱使学生积极主动参与课堂学习活动；在作业布置教学环节，老师及时检查和评比作业完成最佳学习小组，让学生主动完成当天的作业。这样，我们就把复习、预习、课堂和作业有机结合起来，使学生养成了良好的学习习惯，掌握了课前预习、课堂参与、课后复习的学习方法。

5. 提高了学生的学习能力和学业成绩。近一年半的教学实践证明：采用“学案导学、小组合作”的教学模式，学生的自主学习、合作学习、探究学习的能力和创新意识得到提高，知识与技能、方法与态度、协作与互助、生活实践与环境保护等生物科学素养得到提升。利用生物实验室，合作学习小组开展制作泡菜、酸奶，养蚕和培育花生等实践活动。从每学期生物学科期中和期末考试成绩来看，七年级（2）班的优秀率、及格率和平均分均居全年级（十个班）的第一名。在 2018 年珠海市初中生物毕业水平考试中，该班全部同学的成绩均达到 C 等级（及格）以上，A 等级（优秀）十八人，B 等级（良好）以上三十七人，优秀率、良好率和及格率在全年级排第一名。该班的生物兴趣小组通过考察和研究校园周边的河流，撰写的考察报告——《金湾区三灶镇城区河道——北排河水质调查及治理措施研究》在珠海市第 33 届青少年科技创新大赛中获二等奖。

四、今后打算及设想

1. 进一步完善和探究“学案导学、小组合作”的课堂教学模式，打造符合班级特色的高效课堂。根据每节课的学习目标，结合班级学生的实际，精心设计教学内容，科学合理地安排好各个教学环节的时间，培养学生良好的学习行为，营造团结、合作、竞争、和谐的学习氛围。

2. 研究和开发云课堂模式下的小组合作学习。用现代科技和信息化手段辅助课堂教学，是实现教育现代化的发展方向。虽然学校的基础信息化设备和网络支撑环境还待完善，但我们可以充分利用好学校录播室的功能，并把它与《南方新课堂金牌学案》有机结合起来，将学校已有现代化、信息化工具引入合作学习的课堂教学中，打造小组合作高效智慧课堂。

3. 以点带面，鼓励本校生物教师采用“学案导学、小组合作”的教学模式进行课堂教学改革，形成三灶中学生物学科的教学特色。

实施小组合作学习，提升课堂学习效率

（课题中期研究报告）

一、课题概述

为改革三灶中学生物课课堂教学模式，提升生物课的教学水平和能力，提高学生的生物科学素养，在上级教育主管部门的支持和指导下，2017 年 9 月，课题组成员研讨并实施小组合作学习的课堂教学模式，确定了“实施小组合作学习，提升课堂学习效率”的研究课题。2018 年 5 月该课题被广东省教育厅立项为广东省教育科研“十三五”规划 2018 年度研究课题，并得到广东省财政厅的专项资金资助和支持。按课题组的研究计划，课题研究时间为两年，拟于 2020 年 5 月完成此课题的研究。

二、课题提出背景和意义

（一）课程改革的需要

《国务院关于基础教育改革与发展的决定》（国发〔2001〕21 号）指出：鼓励合作学习，促进学生之间的相互交流、共同发展，促进师生教学相长。教育部在《基础教育课程改革纲要》中，也把培养学生的交流与合作能力作为新课程改革的重要目标。作为当代主流教学理论与策略之一的“小组合作学习”，是我国本次新课程改革积极倡导和组织实施的学习方式。

（二）学校生物课堂教学改革的需要

三灶中学地处珠海市金湾区较为偏僻的区域，属乡村初级中学。学校办学虽然有近60年的历史，但对新课程课堂教学改革存在“雷声大，雨点小”的现状，目前本校生物课堂教学主要还是停留在灌输式常规教学模式上。本课题负责人通过学习和借鉴国内省、市兄弟学校在小组合作学习方面的成功改革经验，结合本校生物课堂教学的实际，把“小组合作学习”作为课堂教学改革的重要突破口，通过课堂教学改革来激发学生的学习兴趣，调动学生学习的主动性和积极性，在自主参与、合作交流、主动探究中提高生物课堂的学习效率。

（三）本地区生物学学科考试评价的需要

珠海市初中阶段的生物学学科的考试评价，是以初中生物学业水平考试卷（50道单选题，每题2分，满分100分）为标准，根据学生取得的实际分数按学生考试人数比例转化成等级A、B、C、D来体现，其中D等级的学生占参考人数的5%，学生只要取得C等级以上就能就读国家示范性高中。在这种评价体制下，生物学科的学习得不到学生和家长的足够重视，课堂教学中多数学生被动学习，对课后作业和巩固复习学生常应付了事，课前预习更是老师的一种奢望。我认为，优化课堂教学结构，提高40分钟的教学质量，是解决这个问题最有效的途径。

因此，结合学校和学生的实际，倡导以小组合作学习的模式进行生物课堂改革，让课堂动起来，让课堂焕发出活力，提高学生的生物科学素养，既是新时期课程改革和学生学习方式的需要，也是时代赋予我们的责任。

三、课题研究的理论依据

1. 20 世纪初期，美国教育家杜威所创办的芝加哥实验学校在教学过程中运用了小组合作学习的方式，由于这种方式在改善课堂学习气氛，大面积提高学生的学业成绩，促进学生形成良好认知等方面实效显著，很快引起了世界各国的关注，是目前世界上许多国家都普遍采用的一种学习方式，被人们誉为“近几十年来最重要和最成功的教学改革”。

2. 日本学者佐藤学认为：课程改革的核心是课堂改革，课堂变革的三要素是活动作业、合作学习、分享表达；真正的学习是一种对话式的实践，是同新的世界相遇和对话，是师生基于对话的冲刺和挑战。①

3. 我国对小组合作学习的真正研究始于20 世纪90 年代初，当时针对传统教学存在的弊端，我国教育工作者从教学组织形式改革的角度出发，将理论研究与实践相结合，对合作学习进行了积极探究，并将“合作”理念引进课堂教学，创设了小组合作学习这一新的教学形式。

四、课题研究目标与主要内容

（一）课题研究目标

1. 通过组建和谐、平等、互助和共同进步的合作学习小组，让学生主动参与学习活动，激发课堂上学生的学习动力和活力，让学生在学习中进步和成长。

2. 通过构建符合校本实际的初中生物小组合作学习课堂教

---

① 〔日〕佐藤学．学校的挑战——创建学习共同体［M］．钟启泉译．上海：华东师范大学出版社，2010：8.

学模式（包括合作性学习常规课堂教学，合作性学习云课堂、云互动教学，合作性学习实验课教学），让课堂活起来，围绕生物新课标提出“面向全体学生、提高生物科学素养、倡导探究性学习”三个课程理念，让课堂教学改革焕发出生命力和创造力。[①]

3. 在生物课堂开展小组合作学习的活动实践中，通过自主、合作、探究、激励、竞争等学习方式，提高学生的学习能力和学业成绩，提升学生的生物科学素养。

4. 在研究和实践中加强交流合作，反思和更新教育思想观念、转变教学与学习方式，总结研究过程和方法，积累和提炼研究成果，提升教师的教改水平和科研能力。

（二）课题研究主要内容

1. 研究科学高效和符合班级实际的合作学习小组的组成。

2. 探索和研究开展小组合作学习的评价体系。

3. 研究学生有效参与小组合作学习的基本方法和策略。

4. 构建“实施小组合作学习，提升课堂学习效率”的高效课堂教学模式。

五、课题的研究方法

（一）文献资料法

搜集《国务院关于基础教育改革与发展的决定》《教育学》《心理学》等有关生物课堂教学中小组合作学习及人的认知规律的教育理论和心理学理论，搜集国内外与“合作学习”相关

① 付强. 走进新课程［M］. 中国香港：中国文化出版社，2012：9.

的教育教学理论和教学实践，不断充实本项目负责人和课题组成员的“合作学习”理念，为小组合作学习的方法和策略研究奠定理论基础。

（二）调查法

通过问卷调查和座谈的形式，了解本校小组合作的学习现状、学生对班级开展小组合作学习的意见和建议，为科学合理地分组及实施小组合作学习的课堂教学研究提供方向。

（三）行动研究法

根据本课题组制订的小组合作学习研究的实施方案，分阶段有步骤地开展实质性研究。在课堂教学实践和探究中，根据实施的情况和学生反馈的结果，通过课题组成员的感悟和研讨，及时调整研究方法和策略，在实践中不断完善小组合作学习高效课堂教学模式。

（四）课例研究法

他山之石，可以攻玉。本项目在研究过程中，组织课题组成员到省、市兄弟学校学习合作学习课堂，一起观看和学习教学视频，开展听课和评课活动。课题组成员间也定期积极开展公开课活动。通过对教学课例的分析，发现并找出生物课堂教学中小组合作学习存在的问题及解决的策略。

（五）经验总结法

本项目坚持理论研究与实践探索相结合，根据课题研究重点和实施步骤，随时积累素材，探索有效措施，边实践边思考边提升，构建高效的合作学习课堂教学模式，及时总结经验，及时推广。

六、课题研究的主要过程

（一）课题组成员培训和学习

课题组成员是本课题研究的实施者和执行人，他们对小组合作学习的认识和理解是完成此项目的关键。因此，课题组全体成员必须学习国内外合作性学习的相关教育理论，学习新课改理念，学习教育学、心理学等相关知识，了解并熟悉符合学生认知规律的教育理论和心理学理论，为小组合作学习的策略研究和制定具体的实施过程奠定理论基础。

（二）通过对小组合作学习的现状调查，组建班级合作学习小组

通过问卷调查和学生座谈，了解并掌握目前课堂教学中小组合作学习存在的问题，收集与分析影响小组合作学习有效实施的因素，结合本校学生的实际和生物教材特点，正确处理好教与学的关系，科学合理地组建班级合作学习小组。

（三）指导和培训学习小组组长

组长是开展班级小组合作学习的核心人物。组长必须具备一定的组织和协调能力，了解本学习小组各成员的基础知识和个性特征，对组内人员进行学习任务分工，使小组成员明确自己的职责和任务，各尽所长，在交流和讨论中，合作共赢地完成老师布置的学习任务。同时，在开展小组合作学习中，组长还需配合老师监督、指导和检查本小组成员的学习情况，及时向老师反馈。

（四）探索和研究开展小组合作学习的评价体系

本课题研究的评价包括个人评价、小组评价。评价主要采用激励、竞争和奖励等方式，以其充分调动每一个学习小组和

学习小组成员的学习主动性和积极性。个人评价主要是以学生在课堂上的学习行为来体现，通过对学生在课堂上是否表现出主动学习、主动参与，以及个人对学习问题的见解和创新等方面来衡量。小组评价主要以小组成员在课堂上是否积极参与、合作互助，对老师布置的学习任务的完成情况（包括作业），考试成绩等为主要指标，衡量合作学习小组的整体实力。

（五）研究学生有效参与小组合作学习方法与途径的课堂教学模式

经过前期本课题负责人的实践和研究，结合本校教学资源和学生实际，本项目初步的课堂教学模式主要包括你问我答、学习目标、先做后学、课堂展示、巩固提升、课堂小结和作业布置共七个教学环节。你问我答：主要是复习和巩固上节课所学的知识。学习目标：通过引入新课，让学生知道本节课的学习目标和学习要求。先做后学：让学生先通过阅读课文并做相关习题来熟悉本节课要学习的知识点。课堂展示：围绕本节课的学习目标，老师设置相关问题，通过问题探讨和学生对问题的认识和反馈，启发学生去思考、感悟和理解本节课学习的知识点。巩固提升：学生通过完成课堂练习和能力提升的习题巩固本节课的知识点，提高学生分析和答题的能力。课堂小结：通过对本节课知识点的梳理和总结，使学生知道本节课学到了哪些基础知识，掌握了哪些基本技能。作业布置：此环节的内容主要包括课后作业和课后预习，是让学生课后去复习和巩固本节课的知识内容，提升学生答题技能，同时通过预习了解下节课所学的内容。这些教学环节，除学习目标外，其他环节均采用小组合作和竞争的学习方式，以组长为核心，通过小组合作来完成教学任务和学习任务。

（六）学习和观摩高效的小组合作学习的教学课例

教学课例具有直观性和可操作性等基本功能。本课题的研究与课题组成员的学习、交流同步进行，以学促教，以教促研。课题组的成员除本校部分生物老师外，还邀请了珠海市湾仔中学和金湾区外国语学校的骨干生物教师参加，这两所学校对小组合作学习的实践和研究已经有了一定的基础和校本模式。因此，在研究和实践中，课题组成员一方面要学习省内外兄弟学校高效的小组合作学习的教学课例；另一方面还需一起学习和观摩本课题组成员行之有效的教学课例，相互学习，取长补短。

（七）总结和提升“实施小组合作学习，提升课堂学习效率”的基本方法和策略

本课题研究的主场地是课堂，在课堂中开展高效的小组合作学习活动是关键。通过在教育教学的实践和探究中，总结开展小组合作学习活动的方法和策略，转变小组合作学习中学生的学习方式和教师的教学模式。①

七、课题研究的成效

（一）在教学实践中，我们发现由四人组成的学习小组最为合适

按学生学习成绩、兴趣、特长、性格特征分组，可达到“异质分组”的效果，男女搭配可激发小组成员的学习活力，四人为一个小组，在小组合作学习时，大的问题由组长布置分工、安排学习，小的问题由两人组交流，难的问题由全组解决，组内每个学生都有展示、交流的参与机会，有利于小组成员的

① 刘玉静．合作学习教学策略［M］．北京：北京师范大学出版社，2011：8.

共同发展。

（二）通过评选优秀学习小组可激发学习小组成员学习的兴趣和激情

本课题的研究主要以学习小组的表现和学习效果为评价主体。每节课根据小组成员课堂上的积极参与、合作互助、对老师布置的学习任务的完成情况评出最佳学习小组，同时把小组成员平时完成作业的情况、章节考试成绩等也作为一项指标，综合衡量合作学习小组的整体实力，每学期期末对本学期评选出的优秀学习小组组长及学习小组成员进行表彰奖励。

（三）创建了符合校本实际的小组合作学习生物课堂教学模式

本课题精心设计的课堂教学模式和教学环节，除学习目标外，其他环节均采用小组合作、交流和竞争的学习方式，以组长为核心，通过小组合作来完成教学内容和学习任务，使各学习小组成员在课堂上学习目标明确，学习活动有序。

（四）提高了学生的学习能力、学业成绩及生物科学素养

一年多的教学实践证明：采用小组合作学习的教学模式，学生自主学习、合作学习、探究学习和创新的能力得到提高，知识与技能、方法与态度、协作与互助、生活实践与环境保护等生物科学素养得到提升。利用生物实验室，合作学习小组开展了制作泡菜、酸奶，养蚕和培育花生等实践活动。从期中和期末考试成绩来看，实验班级的优秀率、及格率和平均分均居全年级（十个班）的第一名。实验班的生物兴趣小组通过考察和研究校园周边的河流，撰写的考察报告《金湾区三灶镇城区河道——北排河水质调查及治理措施研究》在珠海市第33届青少年科技创新大赛上获二等奖。

（五）提升了课题组成员的科研能力

课题组成员围绕小组合作学习撰写的论文在专业刊物上发表，并在教育主管部门举办的教育教学论文评比中获奖。本课题研究一年有余，在课题组成员的共同努力下，课题主持人先后在《当代教育实践与教学研究》和《中学生物教学》刊物上发表了《对小组合作学习的再思考》和《“植物体的主要组织”教学设计》。课题组成员的《“泌尿系统的组成”教学设计》《“现代生物技术”教学设计》《谈初中生物实验中的小组学习》《生物课程有效评价模型构建的研究》在2018年广东省中学生物教学专业委员会举办的教学设计与教学论文评选中分别获一、二、三等奖。

（六）彰显了课题组成员的教学技能和教学特色

为扩大本课题的影响力和参与度，在上级教育主管部门的支持下，课题组成员开展的小组合作学习课堂在市、区生物课堂进行公开展示，该课堂的教学模式和教学效果得到同行们的认可和肯定。课题组成员的录像课“尿的形成与排出”“现代生物技术”“皮肤与汗液分泌”分别获教育部、广东省、金湾区“一师一优课，一课一名师”活动“优课”奖。同时，课题组成员根据“实施小组合作学习，提升课堂学习效率”课堂教学模式，正分工协作制作《初中生物学》（北师大版）七年级上下册、八年级上下册每章节的课堂教学PPT，可为本地区生物教师提供参考和实践的教学资源。

八、课题研究存在的问题及今后的设想

（一）进一步优化合作学习小组

根据平时学习小组成员的课堂表现和学习任务的完成情况，

对实验班的个别小组成员进行调整，争取得到班主任的支持和配合，使各学习小组总体水平基本一致，更加科学、合理、公平地开展小组合作学习活动。

（二）继续加强对学习小组组长的培训和指导

根据学习小组学生的意见和组长平时的表现，对个别学习小组组长需要加强心理和方法方面的指导，分析并指出他们存在的问题，帮助他们解决心中的困惑，鼓励他们虚心向优秀学习小组组长学习，优化小组成员的学习活动分工，大胆组织小组成员开展合作学习活动，通过沟通和协调来提高驾驭组员的能力。

（三）进一步优化课堂教学环节，提升课堂学习效率

根据每节课的教学内容和特点，结合学生的实际，精心设计教学内容，科学合理地安排好各个教学环节的时间，培养学生良好的合作学习习惯，营造团结、合作、竞争、和谐的学习氛围。

（四）继续研究和开发云课堂和生物实验合作性学习课堂

用现代科技和信息化手段辅助教学，是实现教育现代化的发展方向。虽然学校的基础信息化设备及网络支撑环境还待完善，但是课题组成员要加强理论学习和研讨，充分利用好学校录播室和生物实验室的设备设施，将学校现有的60台学生平板电脑这种现代化、信息化工具引入合作学习的课堂教学中，打造小组合作高效的智慧课堂。

境中有感　以情悟知

情感是人类个性的特征，是认知事物的基础，是由一定的客观事物交织在人的思维中形成的，其存在影响智力的发展。无论何种抽象的思维，没有情感都不能进行。教育过程是由知、情、意、行四个环节构成的，情感与意志是认识（知）转化为行为（行）的中间环节，相对来说，情感起动力作用，对学生的学习活动起积极影响。如快乐的心情、乐观的情绪、饱满的热情等，能促使学生积极地行动，提高学生学习活动的效率。义务教育阶段生物学课程的目标涵盖了生物学知识、能力以及情感态度与价值观三个方面的基本要求，特别注重能力和情感态度与价值观的内容和活动的设计。在提高生物科学素养的同时，注重培养学生的情感，既是新课改的要求，也是新时期教学活动的实际需要。

一、热爱学生，以情育情

纯真和可爱是初中学生的特点。教师要努力与学生交朋友，并融入他们的生活，关心他们成长过程中的快乐和悲伤，让学生获得爱的情感体验。课堂是师生情感交流最实在、自然和有效的地方。学生带着许多的“困惑”，热切地渴望获得新知识。因此，教师要充分利用课堂情境，用自己的真情去感染学生，以调动学生的学习积极性，并使其全身心地参与学习过程。生物的生命与“情”密切相关。在课堂教学过程中，我在传统教学的基础上，充分利用现代教学设备精心制作视频和 PPT 来展示大自然的生命和奥秘，采用“谈话法”进行教学，使学生能在宽松的教学环境中获得生物学知识。实践证明，课堂教学效果的优劣取决于教师是否对学生倾注了真挚的情感和浓厚的爱。如果教师以饱满的激情和真挚的爱走进课堂，就能强化课堂教学的感染力，使师生产生情感共鸣，教与学的效果得到强化，自然就提高了教学的质量。

二、提高认识，以理育情

情感虽是在认识的基础上产生和发展的，但由于人们的认识不同，对同一事物会持有不同的态度，从而产生不同的情感。如果仅仅单纯地传授知识，并不能发展学生的情感，因此，教师在传授知识时，要理性地引导学生利用教材，以激发学生的情感，启发学生的思维和挖掘他们的潜能。在学习“人类的遗传病与优生”时，除要求学生了解一些先天性的疾病外，还要教育学生必须学会尊重弱势群体，尊重患先天性疾病的病人，学会理解、关怀和帮助他们。“杂交水稻之父”袁隆平先生在水稻扬花的中午，冒着炎炎烈日，仔细寻找几万分之一概率的雄性不育水稻，正是凭着这种顽强的意志，造就了杂交水稻亩产 920 千克的奇迹，这一伟大的贡献在很大程度上解决了我国人口的粮食问题。生物学要充分利用课程资源，关注社会上的生物学热点，以体现课程改革的基本精神和课程标准的基本要求。

三、面对生活，以境育情

情感总是在一定的情境中产生的，具体的情境可以唤起人们相应的情感，在教学过程中，为了有效激发学生的情感，教师应当根据教学内容的特点设置相应的情境，以引起学生情感的共鸣。

生物科学素养的提升离不开社会实践。在进行研究性活动中，我利用七年级学生到市农科所参加军训这个契机，组织有兴趣的同学参观组培实验基地，培养他们热爱生物科学的情感；带领学生参观三灶镇北排河生态环境改造工程，走访镇、村部门负责人，了解三灶镇的自然环境历史，在特定的环境下激发他们学习生物学的兴趣；在学习“遗传工程”“基因工程”“杂交技术”等内容时，让班级学习小组到超市、菜市场去调查现代生物科技食品；利用其他媒介搜集和图书室查阅相关最新的科技成果资料，在课堂上进行展示、交流和讨论，在探究生物科技为人类造福的同时，激发学生的好奇心和求知欲；在学习“人体的营养与健康”时，结合学生中有人过度肥胖和缺乏体育锻炼的实际，引导他们阅读资料，分析肥胖的原因及危害，运用生物学的知识和原理，积极参加体育锻炼，合理饮食和科学减肥，以达到强身健体的目的。这些学习内容和学生的日常生活息息相关，从而形成了学生热爱生物、热爱学习的情感态度。

四、创设问题，协作育情

教育之道，在于启发潜能。因此，教师不能代替学生开发其自身潜能。教师设计的问题应该与本节课所学知识点密切联系，从教材内容的整体结构出发，目的在于让学生积极地思考和回答，联系现实生活中的相关问题，紧扣知识点，抓住线索，以引入教学过程。

生活中的问题无时不有，无处不在。做生活的有心人，便能发现日常生活中的问题。例如，“针对学校环境问题，提出改善环境的建议”，“家里的日常垃圾可分为几类？哪些可以回收利用？怎样妥善处理家庭垃圾？”等等；在学习“预防传染病”一节时，提出中小学生经常发生的水痘疾病的发病情况、症状、病原体、传染媒介、治疗方法、预防措施和疫苗等一系列问题，让学生组成合作学习小组进行交流和讨论。

总之，生物学教学要贴近学生的生活实际，让学生能解决生活、生产或社会中的实际问题，这也是体现新课改的一种基本理念。

心理效应在小组合作学习中的应用

珠海市三灶中学　陈康柏

小组合作学习模式已被老师们普遍接纳，并且有意识地运用到课堂教学中，使课堂教学的气氛得到了活跃，也切实提高了课堂教学效率。但目前的小组合作学习或多或少地还存在着问题，老师们在开展小组合作学习时，还存在着很多的疑惑，小组合作学习的很多活动的组织流于形式，活动停留在肤浅层面上，没有真正起作用。本文从心理效应方面对小组合作学习存在的问题、老师们的疑惑提出解决对策，以利于提高课堂效率。

一、社会惰化效应

（一）小组合作学习存在的问题

在小组合作学习教学中，以小组为单位完成教师布置的任务是基本原则，它一方面增加了小组成员思维碰撞的机会，但另一方面也增加了成员偷懒的概率。老师们很疑惑，也很头疼，不知道如何布置学习任务，不知道如何开展小组合作学习。

（二）社会惰化效应定义

社会惰化是指个人与群体其他成员一起完成某件事情时，或个人活动有他人在场时，往往个人所付出的努力比单独时偏少，不如单干时出力多，个人的活动积极性与效率下降的现象，也称为社会惰化作用，还叫社会干扰、社会致弱、社会逍遥、社会懈怠。①

（三）在小组合作学习中如何避免社会惰化效应

老师布置的学习任务由个人独立完成的部分与小组共同完成的部分组成，且针对个体任务应具有特异性，保证组员之间不能相互替代，只能在个体有困难时相互给予支持和帮助；小组内责任分工明确，各司其职，强化学生的角色意识；由个体独立接受考核与测验，每个组员都有随机被抽选为小组发言人的可能。让学生个体切实了解到小组的荣辱与自身的努力息息相关，从社会惰化向社会助长效应转变。

二、时间安排上的系列位置效应

（一）小组合作存在的问题

教师们对小组合作的时间也存在疑虑，一方面困惑于是否每节课都必须用小组合作学习的方法；另一方面困惑于小组合作学习时长占课堂的比例。还有就是在一堂课中什么时间使用小组合作学习的方法比较合适。

（二）时间系列位置效应定义

它是指记忆材料在系列中所处的位置对记忆效果发生的影响，包括首因效应和近因效应。在系列学习中，处于不同位置的记忆材料回忆效果不同；系列位置效应就是接近开头和末尾的记忆材料的记忆效果好于中间部分的记忆效果的趋势。其开头和结尾记忆效果较好，分别叫首位效应和近因效应，而其效

① 匿名．合作教学中常见的八大心理效应［EB/OL］．https://fanwen.chazidian.com/lw/jiaoyu/168350/

果较差的中间部分称为渐近部分。

（三）时间系列位置效应在小组合作学习上的应用

①学生注意力有限，不能持续一节课，不能确保一节课都很高效。因此小组合作学习应该注意在课堂上增加趣味性，增加学生团结合作的精神。②从时间系列位置效应可以看出，在一堂课中，学生的记忆较好的时候是在上课开始和末尾的阶段。因此，合作学习不应该安排在课堂开始或快要结束的时候，在高效期如果学生之间的合作探究或讨论出现错误信息，一旦被学生牢记，教师在低沉期纠正为时已晚。③按照时间系列位置效应的原理，合作学习的时间安排占到一节课的40%至60%比较合适。

三、课堂管理上的“80∶15∶5”法则

（一）小组合作存在的问题

①在教师全班授课阶段，小组内个体常相互影响，尤其是小组内存在纪律性不强的学生，在很大程度上会干扰他人听课；②在讨论阶段，教师一人无法有效控制所有小组的讨论进展，很可能出现“无效讨论”。

（二）课堂管理上的“80∶15∶5”法则

克文和门德勒从大量的课堂观察中，发现了一个有趣的现象，那就是典型课堂的80∶15∶5比例。在典型的课堂中一般有三类学生：80%的学生已经发展起了合适的课堂行为，很少违反规则；少数学生（15%）会周期性地违反规则，他们并不无条件地接受课堂规则；5%的学生长期地违反规则。[①]

① 刘儒德．教育中的心理效应［M］．上海：华东师范大学出版社，2003.

（三）课堂管理上的“80:15:5”法则在小组合作学习中的应用

在小组合作教学中，为了有效地管理课堂，教师应首先明确课堂纪律，每个小组推选一名纪律小组长，教师与学生一同制定详细的合作学习规则。其次，教学内容详略得当，与学生保持互动，保证80%的学生的需求，尽量带动15%的学生的求知欲。最后，对待长期出现不可控制行为问题的5%的学生，教师唯有用爱与教育艺术慢慢矫正他们的行为，教师要让自己的课堂变得有魅力和吸引力，引起学生的注意，激发学生的学习动机。对那些长期违反规则的学生，教师虽心中有数，但切勿给他们贴上“捣蛋”的标签。

四、分组时的互悦机制

（一）小组合作学习存在的问题

①教师们在分组时存在着疑惑：是同质分组，还是异质分组，还是还有别的分组方法。②每组的人数。③每组中男女的人数。④选什么样的人当组长。

（二）互悦机制定义

互悦机制也称为“对等吸引率”，即人们通常所说的“两情相悦”。在人际交往中，这是一种很自然的心理规律，后被归纳为：在人际交往中，如果你想得到人们的欢迎，或者让人们支持、同意你的观点、行为，仅仅提出良好的建议是远远不够的，必须让人们喜欢你。[①]

① 匿名．互悦机制［EB/OL］. http：//www. zwbk. org/My Lemma Show. aspx？ lid =223499.

（三）互悦机制在小组合作学习中的应用

教师确定组长后的“组长—组员”双向选择机制，只要教师有意识地确定出学习能力、组织能力强的各组组长，有意识地调整成绩落后、自律不严学生的分组情况，其余的中等生具有较大可塑空间，不会造成因学习成绩分化过大难以唤醒组间竞争的问题。教师要让学生知道他们能成为一组是彼此选择的结果，因为喜欢才选择在一起，即使原本不喜欢，也会因为自己的选择开始喜欢，为小组内的积极互悦打下良好的基础。①

总之，教学中不存在一种适合所有教学情境的万能方式或策略，任何一种教学策略都是与特定的教学目标、教学内容相联系的，没有任何一种方法能同时达成所有的教学目标。对小组合作学习而言，恰当地使用一些心理学的原理、心理效应，能很好地解决小组合作学习中存在的问题，解决教师的疑惑，提高课堂效率。

① 和学新．合作学习的教学策略［EB/OL］. http：//doc. orz520. com/a/doc/2010/0815/2013224. html？ from = haosou.

让“自主　合作　讨论”走进我们的课堂

珠海市三灶中学　　邱国生

《义务教育生物学课程标准（2011年版）》提出：“倡导以探究为核心的主动学习方式，注意面向全体学生，全面提高学生的生物科学素养。”“自主学习、合作学习、探究学习”是新一轮课程改革积极倡导的教学方式。据此，三灶中学生物科组于2017年9月提出“实施小组合作学习，提升课堂学习效率”的课堂教学模式改革方案。经过近两年的教学实践，收获了良好的教学效果，也取得了一系列的教研成果。作为这次课堂改革的参与者之一，我感触最深的就是在课堂教学中，通过组织学生开展自主学习、合作和探究等学习活动，转变了学生的学习方式，提高了学生的学习兴趣和学习能力，从而提升了学生的生物科学素养。

一、转换观念，以学生为主体

《义务教育生物学课程标准（2011年版）》强调在学习过程中学生的参与、合作和探究，突出学生在学习过程中的主体地位。这就对传统的教学观念提出了挑战，要求教师正确处理“教与学”的关系。教师“让位”，把课堂还给学生。作为一名一线生物教师，要摆脱传统课堂教学观念的束缚，应不断学习新课改下新的课堂教学理念。在课堂教学中，精讲课文的知识内容，探索新的教学方式，提高集体讲授的学习效率，让学生有足够的时间去自主学习与合作探究。课堂上教师要充分相信学生，敢于放手：学生能做的，教师坚决不做；学生能讲的，教师一律不讲，从而能够真正实现“教是为了不教”的教学哲理。同时先学后教，让学生课前预习，先独立完成学习任务，再通过小组合作解决“个体问题”，对于小组无法解决的问题，教师可以组织各学生小组相互质疑释疑，对于全班所有小组都无法解决的问题，教师再进行引导点拨，让学生在答疑解惑、启发思考中主动获取知识。

二、合理分组，建立合作机制

现代教学理论认为，交流和讨论是学生和学生、学生和教师之间主要的互动方式。合作学习是一种新型有效的学习方式，对激发学生的学习兴趣，促进学生主动学习、学会交流、学会合作具有显著的优势。经过课题组的实践和研究，我采用“一好二中一差”四人小组搭配法，先按学生的学习基础和学业成绩比例将学生分成三个层次，再根据学生的性格特征、性别比例、责任感等多种综合因素帮助班级学生组成学习小组。每个学习小组选定组长一人，选组长的条件是组织能力强、有责任感、乐于助人、有亲和力及学习成绩在中等偏上。由于组员之间有强弱之分，为方便组员之间进行相互帮扶，座位左右相邻的学生按一强一弱进行搭配，班级在进行座位调整时，组成学习小组的各成员基本保持不变。在小组开展学习活动时，小组成员必须有明确的学习分工，明确学习要求，落实学习任务，同时要求学习小组组长负责督促和帮助本组同学完成各项学习任务，多关注后进生的学习表现，对他们要有耐心，多进行鼓励和帮助，学习小组成员间要相互尊重，善于倾听，取长补短，共同进步。

三、精心设疑，有效引导讨论

课题组以《南方新课堂金牌学案》作为课堂教学模式的“导学案”，运用“15:25”模式，即教师讲课时间不超过15分钟，学生学习活动时间不少于25分钟。因此课堂合作交流讨论的问题成了每一节课的核心内容，学习问题的设计直接影响课堂学习讨论的成效。要调动学生参与课堂讨论的积极性，最有效的方法莫过于创设一些生动的生活问题情景，激发学生的学习欲望，启发学生去主动思考和探究，将学生的学习内容很好地融入日常生活的具体事件中，从而加强讨论的针对性和实效性。

例如，讲授食物中的营养物质一节，我首先发问：“今天你们吃了什么早餐呢?”这个问题可以刺激学生的表现欲，他们会急于发表自己的意见，从而建立起讨论问题的情绪基础——投入兴趣来完成讨论。然后我再问：“你们吃的这些食物里面含有哪些营养物质呢？这些营养物质对我们的身体有什么作用呢？为什么我们每天都要进食呢?”学生可以通过边查阅书本边互相讨论、交流意见，试图找出答案。这时候讨论顺利进入热烈阶段，学生通过讨论得到的知识相比传统的教师阐述效果要好得多。在学习关注合理营养与食品安全一节时，我又让学生当一回小营养师和小当家，为家长“做”一顿午餐。事前要学生根据家长的实际情况和所学知识设计一份营养均衡、合理的食谱，在课堂上与其他同学交流意见进行讨论修改；然后我再让他们根据自己设计的食谱，讨论选购食物时应该注意哪些细节问题，应该怎样清洗处理、怎样烹调才能做到卫生安全，让家长吃得健康、吃得放心。在整个讨论过程中，大部分学生都跃跃欲试、乐于参与，合作学习效果大大提升，在欢乐的气氛中大家都学到了实用的知识。

四、培养习惯，创建高效课堂

要让课堂讨论有效地持续，关键在于培养学生良好的合作交流习惯。第一是先让学生从思想上认识到主动参与对于学习的重要性，使学生明白学习是必须主动参与，而不是被动的。第二是小组讨论之前先让学生独立思考并完成一定的学习任务，否则易出现“搭便车”的情况。《南方新课堂金牌学案》的自主预习能很好地解决这个问题，学生有了良好的课前预习习惯，把预习中发现的问题和困惑在课堂上提出来，学习小组成员再进行探究、交流和讨论，这样就能收到良好的学习效果。第三是在交流讨论时，小组成员必须养成认真倾听和文明发言的习惯。小组成员只有相互尊重，小组的团结协作才能真正有效形成。第四是通过评选最佳合作学习小组来培养学习小组的集体荣誉感。这些都需要教师在平时的教学中精心地教导，耐心地培养，一旦形成，就能大大提高课堂合作讨论的效率。

综上所述，新型的学习方式需要合作，而合作则需要有效地讨论和交流。课堂小组合作学习是一个复杂的动态过程，再加上初中生学习习惯尚在养成之中，还未完全定型，容易分散注意力，不能长时间集中，如果教师把握不好课堂讨论的进程，课堂易失去控制，流于热闹的形式。因此，良好的课堂调控是课堂讨论顺利进行的保障。为此，结合课题组的实践经验，提出以下建议：第一，教师必须要有完整的课堂教学指令，明确任务，约定完成的时间，适时地检查和恰当地评价。第二，教师要走下讲台，走入学生中，进行巡视指导，了解学习小组讨论的动态，根据实际情况进行调控，营造良好的课堂讨论氛围。

合作学习是一个常谈常新的话题，我们也仍将以继续探索的脚步，不断改进我们的教学，提高我们的效率。

基于小组合作学习的初中生物课堂教学研究

珠海市湾仔中学　邱建萍

《义务教育生物学课程标准（2011 年版）》明确提出了三个新课程理念：面向全体学生、提高生物科学素养、倡导探究性学习。[①] 同时，2019 年广东省生物科目新考试大纲也发生了一些变化，改革后的试题主要侧重于考查学生的基础知识、探究能力、科学思维等。综合当今教育的理念与考试要求，我认为在初中生物课堂中构建以“小组合作学习”的教学组织形式，让学生以独立的个人和团队中一员的“双重身份”主动参与生物学科学习，并为他们创造足够的活动时间和展示机会去体验和成长，是目前较有利于实现新课程理念的教学形式。教师通过在课堂上开展不同的教学活动进行“教”，学生通过在课堂上的小组合作活动进行“学”，从而达到“教”与“学”相长的作用。

一、小组合作学习的概念

小组合作学习就是以合作学习小组为基本形式，系统利用

① 中华人民共和国教育部．义务教育生物学课程标准：2011 年版［M］．北京：北京师范大学出版社，2011：3.

教学中动态因素之间的互动，促进学生的学习，以团体的成绩为评价标准，共同达成教学目标的教学活动。① 具体来说，就是学生在实验室或教室或课后，在教师的指导下，小组成员按照一定的指引，在规定时间内，自主而又团结地开展学习活动。

学习活动的内容可以包括小组分析讨论、小组成果展示、小组解剖观察、小组制作模型、小组课后调查等。这些活动过程都需要小组每一个成员的参与，包括准备活动材料、分配个人任务、开展实验操作、记录活动数据、展示活动成果等。因此，它面向不同层次的全体学生，在活动中还可以发挥不同学生的优势特长，培养团队的合作精神，在活动探究中提高学习兴趣，进而培养学生的生物学科核心素养。

二、小组合作学习开展的策略

（一）合理地分组

对班级学生进行合理分组是开展小组合作学习的重要前提。为了能够使不同层次的学生都能参与到课堂学习中来，对全班学生的分组显得尤为重要。

湾仔中学实施小组合作学习的模式已有 5 年时间，分组的主要规则是：每个班分成 11 至 12 个小组，每个组的成员人数为 4 人。在分组时主要是借助各班班主任的力量，平日对学生进行细致的观察，最终根据学生的学习基础、能力、特长、性别等多种因素，按“互助互补、协调和谐”的原则，把不同层次的学生编排成一组，如 1 个 A 等学生加 2 个 B 等学生加 1 个 C 等学生。这样的组合可以促使优生带领中等学生，再由中等

---

① 李月荣．合作学习在初中生物教学中的应用探讨［J］．新课程研究（上旬刊），2018（5）：83—84.

学生管理后进生，后进生在组员的鼓励下得以进步。

（二）恰当地分工

为了确保学习活动顺利、有序地开展，每个小组需要设置小组长、发言人、操作者、观察者、记录者及监督员等工作。一般由 A 等学生（成绩中上、善于组织、有沟通管理能力）担任小组长，负责小组的分工、操作；由 B 等学生（成绩中等、善于表达、喜欢操作）负责辅助操作、展示；由 C 等学生（成绩中下、缺乏自信，但又充满兴趣）负责发言、观察和记录。

当然，小组成员间的分工不是绝对的，可以根据每一个不同的学习活动进行适当的调整。例如，在讲到七年级下册观察鸡小肠的结构时，部分 A 等学生对准备动物内脏有一定的心理负担，而这时 C 等学生却非常踊跃地参与，他们会很乐意利用课前的时间准备好新鲜的鸡小肠，在课堂上也不怕脏、不怕臭地参与到观察活动中，最后还会很得意地向老师展示他所看到的现象。这时，C 等学生便成了本活动的主要操作者和参与者。

（三）及时地评价

各组在进行合作学习的过程中，教师会不停地巡视各组的活动情况，并进行适当的指导，最终根据小组的活动操作是否规范、活动现象是否明显、活动成果展示是否流畅等对各小组进行整体的打分评价，并将各组的活动得分呈现在黑板上，以分数促使学习活动更有序、有效地开展，以分数评价促进小组间的良性竞争与成长。

教师的评价打分包括两个方面：一是小组合作完成活动的团体总分。通过对团体打分，可以促使小组成员加倍团结，更具有集体荣誉感；二是小组成员举手回答问题的得分。通过对个人发言进行加分，可以训练学生的表达能力、满足学生的自尊心，使他们更具有归属感。

三、小组合作学习方式在课堂中的应用

在小组活动中，学生主要经历仪器的使用与操作、动手解剖与观察、获得数据与现象、分析结果与结论等过程。大体上可以将小组活动分为四类：验证性活动、研究性活动、模拟性活动、调查性活动。旨在让学生体验生物科学工作者的探究历程，学会常见的生物学研究方法，初步尝试科学研究的乐趣，培养科学的理性思维。因此，教师需要依据教学目标有针对性地设计课堂教学活动。下面以验证性活动的开展和模拟性活动的开展为例进行说明。

（一）验证性活动的开展

验证性活动是指实验者针对已知的实验结果而进行的以验证实验结果、巩固和加强有关知识、培养实验操作能力为目的的重复性实验。①

北师大版七年级《生物学》下册第 8 章第 1 节人类的食物中，教材设计了一个演示活动——蛋白质的检测和维生素 C 的检测。我认为，可以将教师的演示活动改成小组合作的方式，将主动权还给学生，让学生在主动参与、亲身实践中，感受、领悟实验的真谛，亲眼见证神奇的生物现象的发生。

在开展小组合作学习的过程中，教师可以从以下几个方面激发各小组的主人翁意识：

第一，在课前提前两天时间布置各小组准备实验材料，包括 1 个新鲜的鸡蛋和 1 个新鲜的橘子，并对按时带材料到课堂

① 林芳，白贞女，包明明，王永娟，石连旋．初中生物验证性实验的指导与实施策略研究［J］．教育教学论坛，2014（43）：265—267.

的小组进行加分奖励。教师在实验室提前准备好12份其余的实验用品，如试管架、相关试剂等（见图1）。

A. 维生素C检测的材料　　B. 蛋白质检测的材料

图1

第二，在课堂上教师利用微课视频展示该活动的实验步骤和方法，各小组根据视频提示在规定的时间内进行组内分工，并重复实验。其间，教师巡视课堂，用“畅言智慧课堂”平板拍摄各组活动成果，并对各组进行打分评价。最后，教师组织学生开展分组讨论，分析实验现象与结论（见图2）。

A. 某组进行维生素C检测　　B. 某组进行蛋白质检测

图2

本实验是七年级下学期的第一个实验，旨在继续培养学生的求知精神和探索精神。本节课需用到的实验材料均来自同学们身边，例如鸡蛋、橘子等，从同学们带来的材料可以看出他们对生物实验的热爱，他们喜欢在动手实验中获得成就感，他们喜欢像科学家一样去研究。该实验比较简单，通过同学们的合作探究，很容易获得实验的成功，可以清晰地看到维生素 C 的褪色反应和蛋白质与双缩脲试剂紫色反应的发生，这比观察教师的演示实验生动、直观许多。

（二）模拟性活动的开展

模拟性活动是根据相似性原理，利用模型代替研究对象的一种实验教学；把研究对象称为原型，把替换对象称为模型，实验手段是直接作用模型的，而不是原型。①

北师大版七年级《生物学》下册第 11 章第 2 节尿的形成与排出中，教材以“图 11－6 尿液形成示意图”作为理解尿液形成过程的唯一辅助图片。而七年级学生缺乏生活经验，对抽象概念的理解能力薄弱，需要教师进一步的引导、帮助才能形成科学的理性思维。如果采用传统的死记硬背“填鸭式”学习，容易让学生陷入“云里雾里”，不仅对该知识点模糊不清，还容易产生抵触心理。如何化“静态图片”为“动态活动”？如何化“被动记忆”为“主动获得”？我认为将小组合作学习引入到生物课堂中，让他们在合作探究中深切感受生物知识的动态美，充分发挥主观能动性，可提高学习的有效性。

在该活动中，教师需要发挥个人的智慧，想方设法利用身边常见的材料制作恰当的模型教具，将其融入课堂学习中来。

① 吴晓敏．高中生物模拟性实验教学探究［J］．中国教育技术装备，2016（23）：153—154.

第一步，课前准备。制作尿液形成的简易模型装置。首先，教师在一张 A4 纸上手绘一幅没有文字标注的“尿液的形成示意图”，然后用空白的“口”代替文字的位置，该部分留给学生思考后填空。接着，将绘制好的示意图复印 12 份，粘贴到软磁铁板上待用。最后，在不同颜色、不同大小的磁粒上标出尿液的不同组成成分，如大分子的“蛋白质”选用最大的磁粒进行模拟，小分子的“水”选用最小的磁粒进行模拟。每个小组各有一张 A4 贴纸和 6 个不同颜色、大小的代表尿液成分的磁粒（见图 3）。

图 3　模拟尿液形成的材料装置

第二步，课堂上的小组合作学习。通过阅读教材，各小组成员对尿液的形成过程有了初步认识，接着利用活动材料分三个步骤——肾小球的滤过作用、肾小管的重吸收作用、尿液的成分，一步一步地将对应的“成分”动态地放置在磁贴板相应的位置上；最后，小组展示活动成果，教师点评（见图 4）。

A. 某组模拟过程　　B. 某组模拟过程　　C. 某组成果展示

图 4

尿液形成的过程在教材中只有两段话，内容比较抽象、涉及的名词众多，理解能力稍微薄弱的同学很容易混淆。为了帮助同学们突破该难点，我选择使用磁贴、彩色磁粒，模拟尿液形成的过程。大大小小不同的彩色磁粒代表不同的物质，学生在小组合作学习活动过程中，通过移动不同的物质，理解尿液形成的动态变化，进而掌握尿液形成的全过程。

四、小组合作学习的教育价值

（一）促进初中生物课堂教学的发展

开展精心设计的不同形式的小组合作学习活动，能为提高课堂教学有效性提供有力的保障，能够丰富教学资源，能够活跃课堂氛围，能落实教材中的重点，突破难点，使生物教学生活化、社会化，还能充分发挥不同层次学生的能力，使生物课堂从“满堂灌”变成合作探究式教学，久而久之形成生物学科独特的教学风格和教学模式。

（二）促进学生的全面发展

小组合作学习中的观察解剖、动手操作、记录分析、小组讨论、设计活动、展示与评价等环节都在潜移默化地提高学生的核心素养。通过探究体验，使学生更好地保持注意力、意志力，培养学生与人合作的团队精神、收集和分析图片资料的信息处理能力、勇于改变的创新精神、对现象和结果提出质疑的精神。借助教师的引导、点拨，充分发挥各层次学生的主观能动性，最大限度地发挥学生的主体作用，拓展与开放学生的学习空间，促成学生交流解惑，使学生在生物学科中感受到易学、会学，从而乐学。

（三）促进教师的专业发展

小组合作学习的开展能充分发挥教师的组织能力和管理能

力。在课堂上，教师要快速地引导各小组成员进入团队合作、互助的状态，指导各小组有序地、规范地开展学习活动，利用问题或任务驱动各小组参与讨论。在开展活动时，还要求教师把握好课堂教学的深度，挖掘教材的智力因素，发现生活中可利用的资源，进一步了解学生学情与教学策略，灵活地使用教材，从而达到合理利用资源，创造多元化教学的目的。学生分组活动的设计与开展，对教师的专业能力有着极大的促进和发展作用。

校本模式下生物教师的专业成长

教师专业成长是教师在教学实践中不断汲取新知识，提升自身专业素养的过程。课堂教学作为我国中小学教育教学的主要阵地，教学模式一直备受教育理论界和实践界的关注。三灶中学生物课堂开展“实施小组合作学习，提升课堂学习效率”校本课堂教学模式改革，课堂教学包括你问我答、学习目标、先做后学、课堂展示、巩固提升、课堂小结和作业布置共七个环节。课堂改革的实施过程在一定程度上也是教师专业成长和发展的过程。如何做到在校本课堂改革中促进教师的专业成长？结合课题组对初中生物课“实施小组合作学习，提升课堂学习效率”近 3 年来的实践和探究，下面谈谈自己的体会。

一、更新理念——教师专业成长的前提

我从事了近 25 年的中学生物学教学，在课堂教学中有一套自己的教学思想和教学风格。调入珠海市三灶中学近 5 个年头，在平时的听课和评课活动中，我学习和感悟了同学科老师和不同学科老师的教学思想及课堂教学模式，他们带给我的启发和感悟是：发展和提升学生核心素养的关键就在于课堂教学。教师应结合学生实际和校本课堂，领悟“自主学习、合作学习和探究学习”的新课改理念。课堂教学设计应面向全体学生，以学生为主体，根据教材的内容和特点，精心设计教学环节，充

分调动学生的学习欲望，让学生积极主动去参与学习。课堂知识的传授做到由浅入深，精讲多练，因材施教，通过学生间的交流合作，让学生去体验和实践。在学习和交流知识与能力、过程与方法中激发学生的学习兴趣、学习责任及对生活的态度（情感态度及价值观），真正让学生学有所获。“实施小组合作学习，提升课堂学习效率”的内涵完全符合新课程改革理念。强调学生学习的主体性，倡导学生的自主学习、合作学习和探究学习。这种课堂教学模式要求教师在40分钟内加强教与学的针对性和实效性，课堂教学的每个步骤需要教师做好精心的准备，和传统的常规教学相比，教师备课和上课需付出更多的劳动和努力。教学中重视对教学情境的营造，让学生以参与者、合作者、协调者的身份加入进来，让学生在学习过程中学会学习、学会合作、学会探究和学会创新。在教学过程中让学生在发挥特长、张扬个性的同时，学会相互尊重、彼此负责，最终实现共同成长和发展的目标。

教师的教育教学理念可以直接体现出教师的教学行为和教学水平，折射出教师的教学思维，表达教师的教学思想，彰显出教师的实力和功力。

二、善于学习——教师专业成长的基础

（一）向书本学习，构建合理全面的知识体系

著名教育家马卡连柯曾说过：“学生可以原谅教师的严厉、刻板甚至吹毛求疵，但不能原谅他的不学无术。”可见，生物教师要想赢得学生的尊重，首先自己必须要有扎实的专业基本功。如对生物学基本概念和基本原理等专业知识的精深掌握，对生物学史知识的了然于胸，对生物方法论知识的准确运用和对生物实验理论知识的透彻理解等等。其次，生物教师还要了

解和掌握其他相关学科的知识，如数学、化学、地理学、信息技术等。作家高尔基说过，书是人类进步的阶梯。上述知识的主要载体是书本，要想系统地积累这些知识，就要静下心来努力“啃”书本。因此，教师只有不间断地读书，不间断地学习、思考和探究，用丰厚的学术素养来充实自己，才能在课堂教学改革中做到胸有成竹、游刃有余。

（二）向网络学习，共享丰富的教育教学资源

网络是信息传输、接收、共享的虚拟平台，它为教师的专业成长打造了一个无比宽广、大有裨益的舞台，它以其开放性、包容性、共享性的优势，给教师的学习和生活注入了一股全新的力量。课题组成员通过网络学习生物学领域专家的专题讲座，充实了生物学前沿的新知识和新理念，拓展了自己的教育教学信息库。在网络中下载图片、视频等信息资料来辅助教学，激发了学生的学习兴趣和求知欲望。在网络中学习优秀生物教师的课堂教学视频，借鉴他人的教学方法来丰富自己的教学思想，在学习中取长补短，结合校本实际，逐步形成了自己的教学风格。因此，借助网络，资源共享，可以从中汲取有助于自己教学水平进步、教学能力提高、课堂学习效率提升的有效教育教学理念，在教学和实践中充实和完善“实施小组合作学习，提升课堂学习效率”的课堂教学。

（三）向学生学习，做到教学相长

韩愈说：“弟子不必不如师，师不必贤于弟子。”没有谁可以无所不知、尽善尽美，即便那些圣贤大儒、名师大家也有学识上的漏洞和缺陷，也有被学生考倒的时候。学生在专业学识上或许比不上教师的广博和深厚，但在思维的创新和认知的角度上，却往往有着更多具有突破性的理解和感悟。“实施小组

合作学习，提升课堂学习效率”为学生提供了一个开放互动的课堂，在课堂教学的各个环节中，鼓励学生对生物学现象和原理进行大胆质疑。在七年级《生物学》下册输血和血型的教学中，有的学生提出如下问题：动物有无血型的区别？动物失血过多，可以输血吗？是否也要进行交叉配血？A 型血和 B 型血的人结婚，后代是什么血型？教师要充分认识到学生的好奇心，尊重和理解学生对知识的渴求和欲望，鼓励学生向课文和老师质疑，并做到共同探讨，互通有无，取长补短。

21 世纪是生物学世纪，生物科学的发展日新月异。因此，教师只有虚心学习和善于学习，才能更新教育理念，才能掌握充足的知识和方法，才能为自己的教学开辟新的思路，才能不断完善自己，从而使自己的教学达到较高的艺术境界。

三、立足课堂——教师专业成长的舞台

课堂是学生学习和接受知识的主要场所，也是教师专业成长的舞台。“实施小组合作学习，提升课堂学习效率”强调教学是师生和生生互动的课堂，通过小组合作、师生合作来搭建一个知识共享、学习共进的平台，营造出一个和谐融洽、生动活泼、寓教于乐的课堂氛围，从而使学生获得最大化的学习效果。“实施小组合作学习，提升课堂学习效率”课堂教学设计的七个环节充分体现了教与学的实效性。你问我答让学生复习和巩固上节课的知识，有温故知新的效果。学习目标把学生带入课堂情境，知道本节课需要学什么和做什么。先做后学让学生开展自主学习，通过阅读课文和完成习题熟悉本节课的知识内容。课堂展示是个合作、探究及交流的平台，鼓励学生积极参与、大胆发言、敢于质疑，针对学生的不同声音，强调学生要学会倾听、相互学习、取长补短。同时要求教师要认真对待、

善于倾听、精于引导、乐于点拨，以增加课堂教学的针对性、可变性、丰富性。在七年级下册食物中的营养成分的教学中，通过夏季学生常喝的饮料和医院输的液两个事例，引导学生对饮料的成分进行比较分析，什么类型的饮料在消暑方面独树一帜，什么类型的饮料在健康价值方面出类拔萃；医院输的液，成分组成的不同也会造成功能上的不同，如葡萄糖注射液强调的是糖类的作用，而氯化钠注射液强调的则是无机盐的效用。通过贴近学生现实生活的例子，创造出学生可以感知、容易理解的生活情境，引导学生交流自己的观点。把书本上的知识与现实中的体验融合交汇起来，启发学生寻找问题的答案，在交流和探究中情感需求也得到了一定的满足和充实。巩固提升通过完成配套练习册《南方新课堂金牌学案》课堂练习和能力展示的相关习题，加深对知识的理解和运用。课堂小结要求学生围绕本节课的教学目标谈体会和收获。作业布置能巩固学生对课本知识的掌握，提高学生的答题能力。

课堂教学的每一环节都直接影响到学生的课堂学习效率，课堂教学也真实反映出教师的基本功和教学智慧，智慧的课堂会丰富学生的知识，提高学生的能力，培养学生的品格，同时也促进教师的专业成长。

四、教学科研——教师专业成长的阶梯

苏霍姆林斯基说过：“如果你想让教师的劳动能够给教师带来乐趣，使天天上课不至于变成一种单调乏味的义务，那你就应该引导你的教师走上研究这条幸福之路上来。”珠海市三灶中学生物课组在课堂教学改革实践中，提出了“实施小组合作学习，提升课堂学习效率”的研究课题。该课题于 2018 年 5 月被广东省教育厅立项为广东省教育科研“十三五”规划 2018

年度研究课题，并得到广东省财政厅的专项资金资助和支持，使我们能真正地把教学和科研有机结合起来。在课题研究实践过程中，课题组成员遇到过一些实际问题，如多少学生分为一组最为合适，学习小组成员的组成如何才科学合理，学习小组组长如何产生和培训，如何对学习小组进行有效评价，如何构建小组合作学习的课堂教学模式等等。针对这些问题，课题组成员立足课堂，用心思考，积极探索，把这些问题作为一个个小课题来进行研究，通过科研来解决教学中的困惑，通过教学实践来推动教师的专业成长。在课题组成员的共同努力下，围绕课题研究撰写的论文《对小组合作学习的再思考》《小组合作学习中对学习小组的评价》《谈初中生物实验教学中的小组学习》《“植物体的主要组织”教学设计》《“泌尿系统的组成”教学设计》《“人类进化历程及现代人种”教学设计》等分别在教育主管部门发行的刊物上发表或举办的论文评选中获奖。课题组成员的录像课“尿的形成与排出”“现代生物技术”“皮肤与汗液分泌”分别获国家教育部、广东省、金湾区“一师一优课，一课一名师”活动“优课”。这些成绩的取得，提高了教师的科研水平和能力，成就了教师的专业成长和发展。

教学科研是教学改革和发展的基础，它可以更新教师的教学观念，拓展教师的视野，帮助教师更深层次地理解教学内容，改变教学策略，改进教学方法，提高教学质量，促进教师的专业成长。

第二部分：“实施小组合作学习，提升课堂学习效率”课堂教学模式构建

“教学有法，教无定法”是我国著名的教育家叶圣陶提出的教学观点。面对一个个鲜活的生命体，只有以学生为主体，让学生真正“动”起来去认真思考，积极探究，合作互助，充分发挥学生学习的主动性，才能实现课堂的高效性。本部分的课堂教学模式旨在抛砖引玉，与读者一起学习和探讨。

“实施小组合作学习，提升课堂学习效率”课堂教学模式由7个教学环节组成，包括你问我答、学习目标、先做后学、课堂展示、巩固提升、课堂小结、作业布置。在以上各个教学环节中，除学习目标外，其他教学环节均可采用小组合作学习模式，根据教材的内容和特点，灵活运用，课堂采用每节课评选最佳学习小组的评价手段，激发学生学习的主动性和积极性，促使小组成员人人参与，在学习中团结互助、取长补短、一起进步、共同发展，从而提升课堂学习效率，提升学生的生物科学素养。

一、你问我答，引入新课

根据班级的学生人数，我把实验班级分成12个学习小组，每组4人，设组长1人，副组长1人。你问我答是“实施小组合作学习，提升课堂学习效率”课堂教学模式的第1个环节，一般每节课安排3个学习小组提问，每个学习小组提出的问题

不能重复，然后由不同的 3 个学习小组回答，此教学环节共有 6 个学习小组参与。按照义务教育阶段初中生物教学大纲，生物课每周安排 2 个课时，这样每周每一个学习小组都有一次提问或答题的机会。例如：学习《生物学》七年级下册（北师大版）第 8 章人体的营养第 1 节人类的食物，我们会安排两个课时完成，第 1 课时涉及提问和回答的小组是第 3、8、2 学习小组和第 9、1、7 学习小组；第 2 课时涉及提问和回答的小组是第 4、12、11 学习小组和第 10、6、5 学习小组。（如 PPT 图所示）

课题：人类的食物（第1课时）

一、你问我答

1. 第3小组提问，第9小组回答。

2. 第8小组提问，第1小组回答。

3. 第2小组提问，第7小组回答。

学习方式：涉及的小组成员可相互协作，完成相关的学习活动。其他小组倾听和评价。

课题：人类的食物（第2课时）

一、你问我答

1. 第4小组提问，第10小组回答。

2. 第12小组提问，第6小组回答。

3. 第11小组提问，第5小组回答。

学习方式：涉及的小组成员可相互协作，完成相关的学习活动。其他小组倾听和评价。

在你问我答教学环节中，组长一般要在课前3分钟召集组员，根据上节课所学的知识点，一起商议本节课该如何提问，谁来提问；如何回答，谁来回答。

如学习完七年级上册（北师大版）第3章细胞第2节细胞是生命活动的单位，在学习第3节细胞通过分裂而增殖的你问我答教学环节中，负责提问的学习小组分别提出了这3个问题：

1. 细胞膜的功能是什么？

2. 细胞核的主要功能是什么？

3. 细胞生命活动所需的能量来自哪里？

在学习七年级下册（北师大版）第9章人体内的物质运输第1节血液时，一般会安排两个课时完成，第一课时学习血细胞和血浆组成血液，第二课时学习输血是抢救失血过多病人的有效措施，在第二课时的你问我答教学环节中，根据第一课时知识内容，负责提问的学习小组分别提出了这3个问题：

1. 血液的组成成分有哪些？

2. 红细胞与白细胞在形态、结构和数目上有什么不同？

3. 说说血液在人体生命活动中的作用。

学习完八年级上册（北师大版）第17章生物圈中的动物第2节我国的动物资源及保护后，在下一章生物圈中的微生物第1节微生物在生物圈中的作用的你问我答教学环节中，负责提问的学习小组提出了这3个问题：

1. 请说出5种我国特产珍稀动物及其主要分布区域。

2. 就地保护和易地保护有何不同？

3. 为什么说动物是人类的朋友？

学习八年级下册（北师大版）第23章生态系统及其稳定性第3节生态系统的结构和功能，根据第2节生态系统概述的知识内容，在你问我答教学环节中，负责提问的学习小组提出了这 3 个问题：

1. 说出生态系统的概念。

2. 说出生态系统的组成成分。

3. 生产者、消费者和分解者在生态系统中的作用及相互之间的关系。

负责提问的小组可以是组长，也可以是该学习小组的其他成员。对问题的回答可以是学习小组组长或该小组其他成员，如果答题小组成员感觉到该问题的回答不够理想，该小组其他成员也可以直接站起来进行补充和完善。其他学习小组的同学进行倾听和评价。

通过你问我答教学环节，可以让同学们认真做好课前复习的准备工作，在复习和巩固上一节课知识点的同时，提高了学生设计问题、分析问题和回答问题的能力，并为老师引入新课做好铺垫。

二、学习目标，带入情境

学习目标是老师根据本节课的教学目标确定的。根据教材的内容和特点，精心设计好本节课的三维目标：知识与能力、过程与方法、情感态度及价值观。三维目标是一节课教学目标的三个方面，而不是三个独立的教学目标，它们是统一的不可分割的整体。它要体现新课程的基本理念，体现素质教育在生物学科课程中培养的基本途径，体现出学生全面和谐发展、个性发展和终身发展的客观要求。一般用 PPT 展示出来，通过老师对学习目标的解读，让学生知道本节课要学习什么知识、解决什么问题，提高什么能力，培养什么样的学习情感。

如七年级上册（北师大版）第 6 章绿色开花植物的生活史第 1 节种子萌发形成幼苗，本节课的学习目标是：

知识目标：

1. 在解剖观察种子的结构中，识别种子结构的主要部分，描述种子萌发和形成幼苗的过程。

2. 在探究种子的营养成分中，鉴定组成种子的主要成分。

3. 在种子萌发条件的探究实验中，知道种子萌发的内在条件和外在条件。

能力目标：

1. 通过观察实验和探究实验活动，比较分析种子萌发的原因，培养学生观察能力和分析问题及解决问题的能力。

2. 通过观察比较和交流合作等学习活动，提高学生比较、识别、归纳及交流合作等的思维能力。

情感态度与价值观：

1. 生物学实验是生物学研究的基础，是进行生物科学价值观的教育。

2. 通过分析种子萌发的条件，初步树立内、外因辩证统一的观点。

如七年级下册（北师大版）第 9 章人体内的物质运输第 2 节血液循环第 2 课时心脏的结构和功能。本节课的学习目标为：

知识目标：

1. 知道心脏的结构和所连的血管。

2. 理解心脏的结构与功能相适应的特点。

能力目标：

1. 通过观察心脏结构和所连的血管，提高学生观察、比较和归纳等能力。

2. 在学生的自主学习和合作学习活动中，培养学生分析问题、探究问题的思维能力和与人合作交流的能力。

情感态度与价值观：

1. 形成结构与功能相适应的生物学观点。

2. 认识到参加适宜的体育运动，可以强健心脏，增加心脏的工作潜力，利于健康生活。

如八年级上册（北师大版）第20章生物的遗传和变异第1节遗传和变异现象，本节课的学习目标为：

知识目标：

1. 知道生物性状和相对性状。

2. 举例说出动物、植物和人的遗传和变异现象。

能力目标：

1. 通过比较同学之间个体间性状差异的活动，理解生物体性状和相对性状，在欣赏和评价有关性状遗传的漫画中，认识生物体的遗传和变异现象。

2. 在和小组同学交流讨论的学习活动中，提高学生比较和分析问题的能力，增强小组合作学习的魅力。

情感态度与价值观：

人类的性状可以遗传，也可以发生变异，个人的健康成长和事业成功离不开优生优育（优良的精、卵细胞和个人的努力及家庭和社会的良好环境）。

如八年级下册（北师大版）第24章人与环境第1节人口增长与计划生育，本节课的学习目标为：

知识目标：

1. 描述世界人口、中国人口的发展趋势。

2. 了解地球容纳量和人口的关系，知道人口增长对环境、资源和生态平衡造成的影响。

3. 通过对具体实例和统计数字的分析和讨论，学会分析人口数量与环境协调的关系，认识控制人口数量的重要意义。

4. 分析说明我国在解决人口问题和粮食问题方面对世界的贡献。

能力目标：

1. 通过查询有关资料，学会查询资料的方法和获取信息的能力。

2. 能够设计并开展关于浪费粮食情况的调查、家庭用水量的调查活动。通过对具体实例和统计数字的分析及讨论交流，学会分析人口数量与环境协调的关系，认识控制人口数量的重要意义。

情感态度与价值观：

1. 控制人口增长是每一个地球公民应关注的问题，认识计划生育作为我国一项基本国策的重要性和必要性。

2. 使学生养成节约水、电、粮食等的良好习惯。

通过明确学习目标把学生带入新课学习情景，使学生知道本节课需要学习的知识点及学习能力要求，为下面开展的自主、合作、探究等学习活动开锚启程。

三、先做后学，探究新知

先做后学是让学生先阅读本节课要学习的课本内容，根据学习目标中要求学习的知识点，用笔圈出知识点中的关键词和关键句，并完成教师设计的几道习题（可选用《南方新课堂金牌学案》每节课自主预习的习题）。习题的设计主要依据本节课的基本概念、基本原理及生物学现象等知识要素，在阅读和做题中让学生先了解和熟悉本节课的知识内容，并对本节课的知识结构有一个初步的整体认识。

先做后学可采用小组合作的学习方式，如果本节课的知识内容较多，可安排学生先通过课前预习完成，组长督促并负责检查本小组成员的学习情况，对习题的答案如果存在不同意见，可以进行交流和讨论，如果交流和讨论后小组意见还不能达成一致，可以举手向老师请教，最终达成共识。

如七年级上册（北师大版）第 7 章绿色植物与生物圈第 1 节绿色植物在生物圈中的作用，本节课的先做后学习题为：

1. 绿色植物是生物圈中最重要的________，它通过光合作用为所有生物提供生长和繁殖必需的______和________。

2. 绿色植物通过光合作用制造的______排放到了大气中，而且还不断消耗了大气中的________，这样就维持了生物圈中______和______的相对平衡，简称碳—氧平衡。

3. 植物体通过______吸收水分，然后通过根、茎、叶的导管输送到叶肉细胞，再通过________散失水分，从而促进了生物圈的______。

4. 保护绿色植物对维持生物圈的________具有重要意义。

如七年级下册（北师大版）第 11 章人体代谢废物的排出第 1 节人体产生的代谢废物，本节课的先做后学习题为：

1. 人体细胞代谢产生多种废物，如______、______等以及多余的______和无机盐等，这些代谢废物在人体内积累过多，会影响细胞________，必须及时通过________________________排出体外。

2. 人体将________________排出体外的过程称为排泄。代谢废物的排出有不同途径：一部分水和少量无机盐、尿素等以______的形式通过皮肤的____排出；二氧化碳和少量的水分以________的形式由______排出；绝大多数的水、无机盐、尿素等则以______的形式通过______系统排出。还有某些代谢废物随粪便排出体外。

3. 排泄对人体生命活动的意义：它不仅可以将______排出

体外，而且可以调节体内______与______的含量平衡，从而维持细胞生活环境的____，保证体内细胞正常的__________。

如八年级上册（北师大版）第16章动物的行为第3节动物行为的研究，本节课的先做后学习题为：

1. 对动物的研究有观察法和实验法。

（1）观察法：研究者在野外的____下，实地观察动物的各种行为的方法。

（2）实验法：研究者对____研究对象施加了不同程度的____，然后再观察研究动物行为的方法。

2. 法布尔对____________的研究，主要应用了______________法，著有《__________》；弗里施对________的研究，主要应用了______法；廷伯根对______的研究，主要应用了________法；劳伦斯对__________的研究，主要应用了________法，劳伦斯被称为"______________"。

3. 单纯的观察法可以没有______，但在实验法中却离不开________。观察法和实验法在研究动物行为时同等重要。

如八年级下册（北师大版）第22章物种的多样性第1节生物的分类第2课时学习的内容是"双名法统一了生物的命名法"和"地球上的生物可以分为五大类群"，本节课的先做后学习题为：

1. 为了避免生物命名的混乱，瑞典科学家______于1753年创立了双名法。即每一种生物的学名必须由两个拉丁词或拉丁化形式的词构成，第一个词是______，第二个词是______。

2. 人类很早就在生活和生产过程中，将生物分为______和______两大类群。后来，有些学者在两界系统的基础上又提出了新的分类系统，目前最为流行的是五界分类系统，即______界、______界、______界、______界和______界，这一分类系统是由美国生物学家魏泰克在 1969 年提出的。

先做后学是在老师引导下学生自主学习的过程。先做后学符合初中学生的认知规律。老师要尊重学生的人格和学习能力差异，多关注学困生的学习状况，对他们在学习表现中出现的闪光点给予及时表扬和鼓励，激发他们学习的主动性和积极性。

四、课堂展示，进入情景

课堂展示是老师针对本节课的学习目标，根据教材的内容和特点，精心设计制作课件（包括视频）并提出若干问题，要求学生思考、讨论和回答的环节。问题的设计主要针对本节课的教学重点和难点，通过生物体结构图、生物学现象、教材中的演示和活动等知识内容，设置问题情景，让学生去思考、交流和探究。

如七年级下册（北师大版）第 13 章健康地生活第 3 节人体免疫，本节课的课堂展示 PPT 如下：

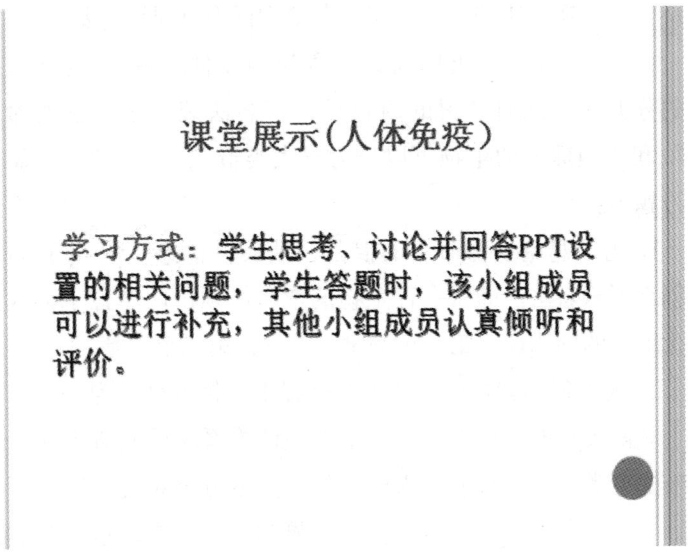

一、问题讨论

在感冒流行的季节里，有的同学能始终健康地学习、生活，而有的同学却未能幸免，为什么呢？

二、人体免疫

1. 免疫及免疫的类型

免疫：是机体特殊的保护性生理机能。

免疫的类型：非特异性免疫和特异性免疫。

2. 通过PPT幻灯片一起来思考和认识人体的免疫。

体液中的杀菌物质（溶菌酶）可以破坏细菌的细胞壁。

皮肤的保护作用：阻挡病原体

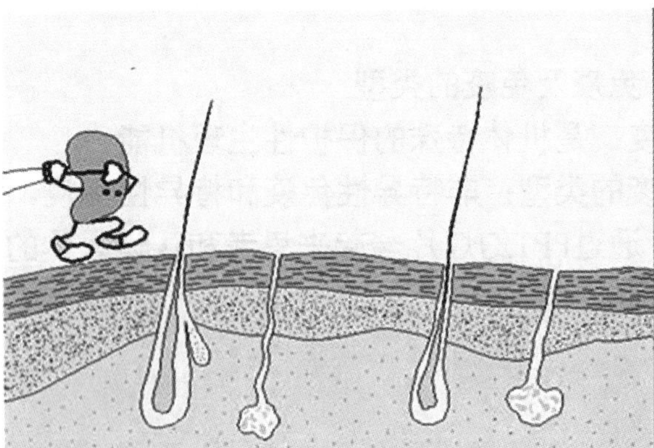

呼吸道黏膜上的纤毛可清扫异物

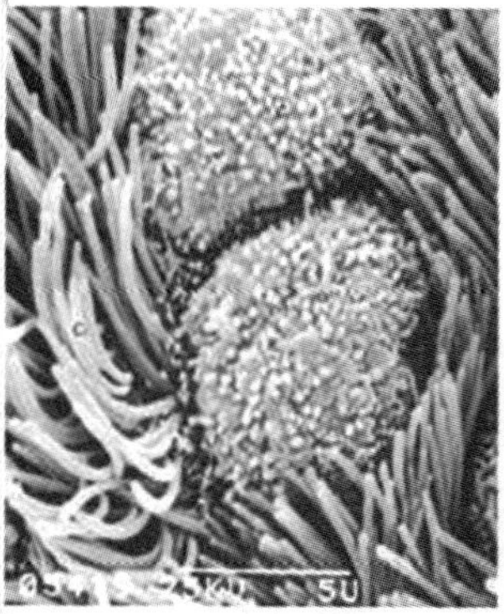

体液中的白细胞的吞噬作用

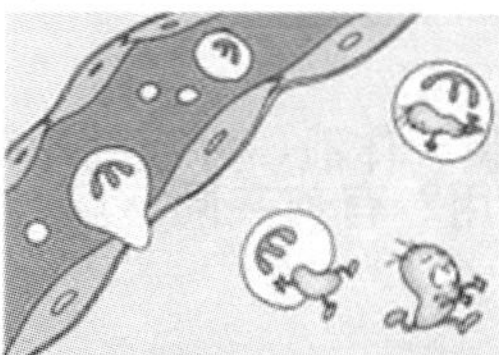

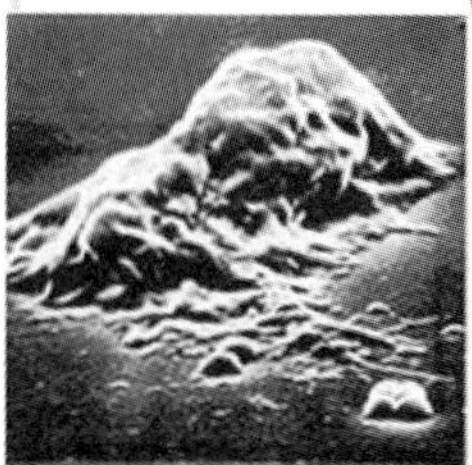

白细胞接近细菌

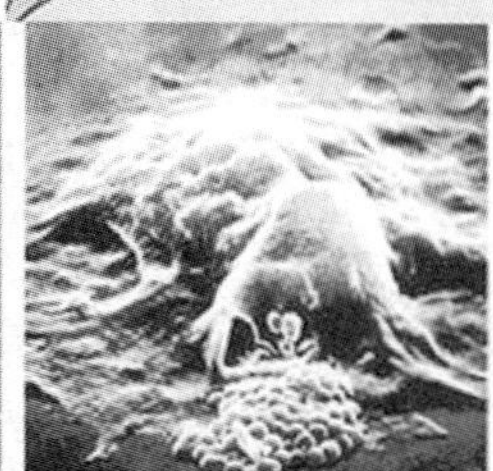

白细胞开始吞噬细菌

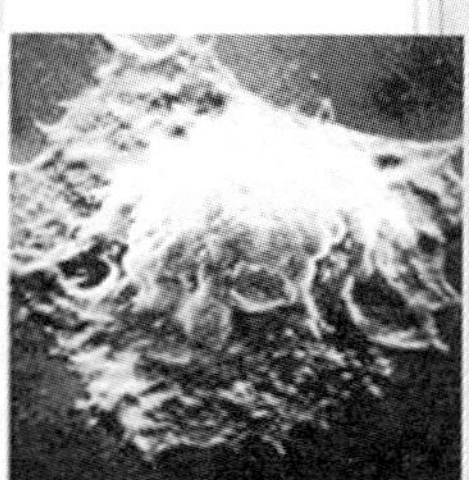

白细胞已将细菌吞噬

白细胞接近细菌 白细胞开始吞噬细菌 白细胞已将细菌吞噬

钉子扎伤皮肤后，吞噬细胞吞噬病原体

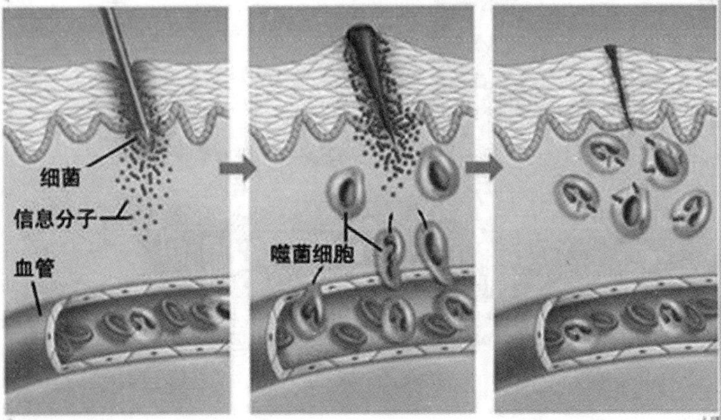

3. 思考回答

皮肤、呼吸道黏膜、体液、吞噬细胞在人体免疫中各发挥了什么作用？有何共同特点？

4. 通过PPT幻灯片和视频，我们再来思考和认识人体的免疫细胞。

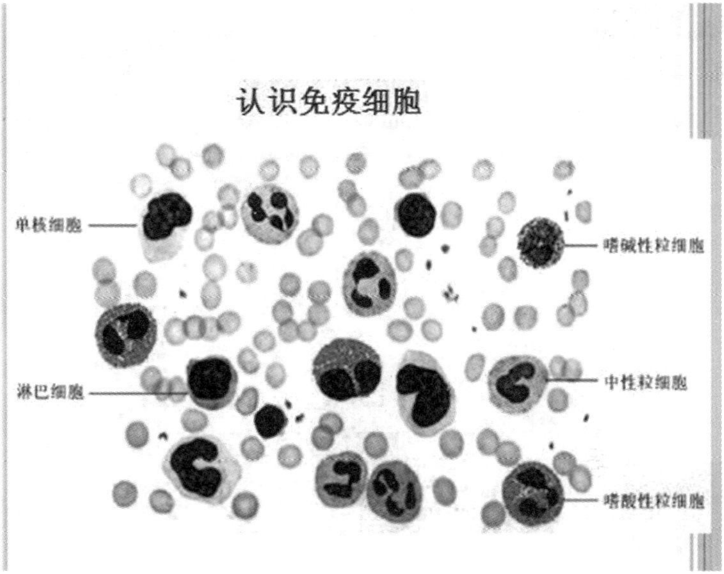
认识免疫细胞
单核细胞
嗜碱性粒细胞
淋巴细胞
中性粒细胞
嗜酸性粒细胞

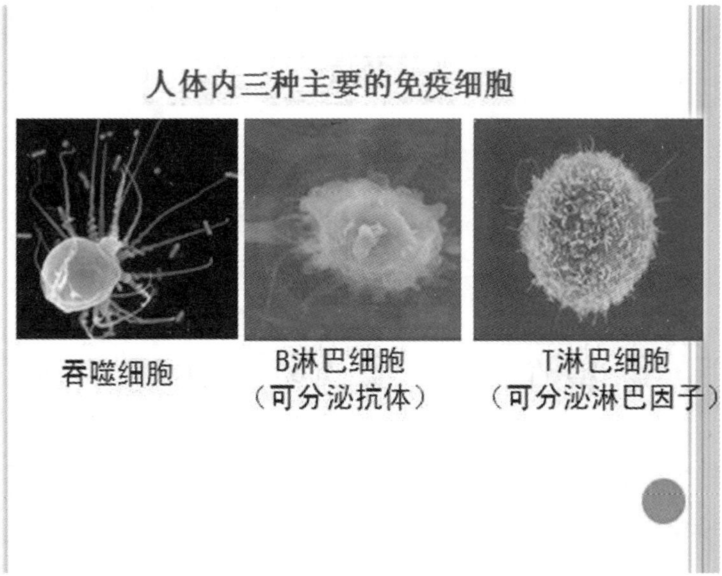
人体内三种主要的免疫细胞
吞噬细胞
B淋巴细胞
（可分泌抗体）
T淋巴细胞
（可分泌淋巴因子）

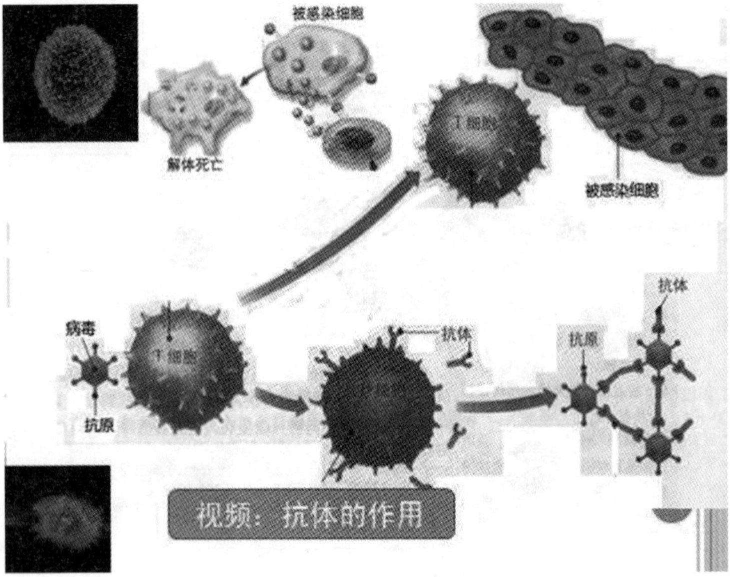
被感染细胞
解体死亡
T细胞
被感染细胞
病毒
T细胞
抗原
抗体
抗原
抗体
视频：抗体的作用

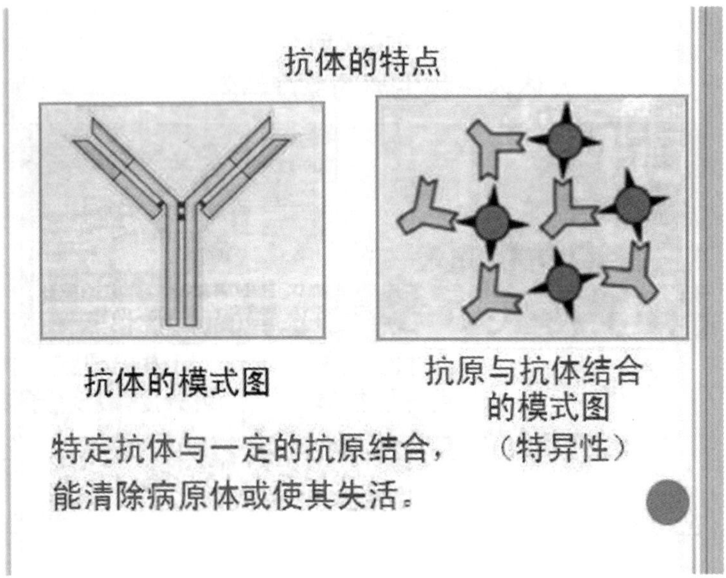
抗体的特点
抗体的模式图
抗原与抗体结合
的模式图
（特异性）
特定抗体与一定的抗原结合，
能清除病原体或使其失活。

5. 思考、讨论、回答

(1) B淋巴细胞和T淋巴细胞在人体免疫中的作用特点。

(2) 什么是抗原？

(3) 什么是抗体？

6. 总结归纳

➢ 非特异性免疫——对多数病原体都起作用，而不是对某一种特定的病原体起作用，先天获得。

➢ 特异性免疫

- 抗体：人体内产生能与抗原发生特异性结合的一种特殊蛋白质。
- 抗原：引起人体产生抗体的物质。（如病毒等）

7．请用表格总结非特异性免疫和特异性免疫的区别

类型	作用方式	特点
非特异性免疫	1. **皮肤、黏膜的屏障作用** 2. **白细胞的吞噬作用** 3. **溶菌酶的杀菌作用**	1. **先天就有的** 2. **对多数病原体都起作用，不具有特异性**
特异性免疫	1. **抗原刺激机体产生抗体** 2. **抗体与抗原特异性结合，清除抗原** 3. **身体内保持产生抗体迅速清除再次侵入的抗原的能力**	1. **后天产生的由抗原刺激引起的免疫能力** 2. **对诱发的抗原具有特异性**

三、免疫的功能

1. 识别、排斥和破坏非己成分（如病原微生物）。
2. 清除体内的损伤细胞和肿瘤细胞。
3. 抵御疾病，维护内环境的平衡和稳定。

免疫监视

监视、识别、清除体内产生的异常细胞

自身稳定

清除衰老、死亡、损伤的细胞

免疫防御

能抵抗抗原侵入，防止疾病产生。

四、计划免疫（对易感人群进行预防接种）

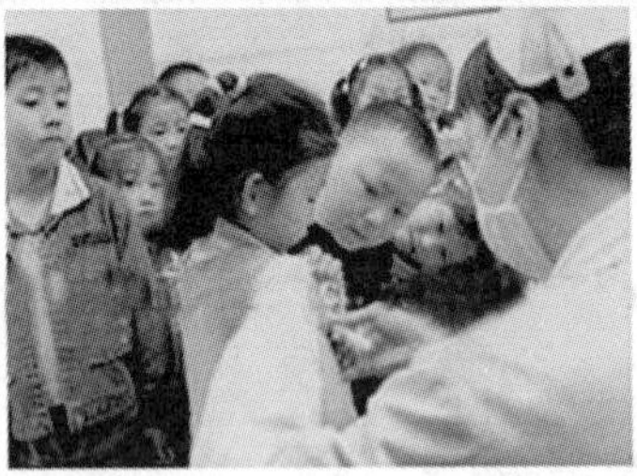

你能说出曾经接种过的疫苗吗？

出生后时间	接种疫苗	出生后时间	接种疫苗
1天	乙型肝炎疫苗	6个月	乙型肝炎疫苗
2~3天	卡介苗	8个月	麻疹疫苗
1个月	乙型肝炎疫苗	1.5~2岁	白百破混合制剂
2个月	脊髓灰质炎三价混合疫苗	4岁	脊髓灰质炎三价混合疫苗
3个月	脊髓灰质炎三价混合疫苗、白百破混合制剂	7岁	卡介苗、麻疹疫苗精制吸附白喉、破伤风二联类毒素
4个月	脊髓灰质炎三价混合疫苗、白百破混合制剂	12岁	卡介苗
5个月	白百破混合制剂		

我国目前计划免疫程序表

如八年级上册（北师大版）第 20 章生物的遗传和变异第 4 节性别和性别决定，本节课的课堂展示 PPT 如下：

课堂展示（性别和性别决定）

学习方式：通过课堂的PPT展示和游戏活动，学生思考回答相关问题，学生答题时，该学习小组成员可以进行补充和完善，其他学习小组成员认真倾听和评价。

1. 观察P106页图20-7和20-8

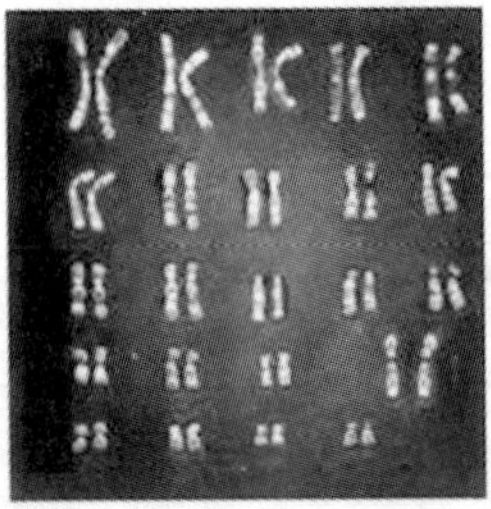

❖ 思考：

（1）什么是性染色体？

（2）什么是常染色体？

（3）人体染色体的组成有何特征？

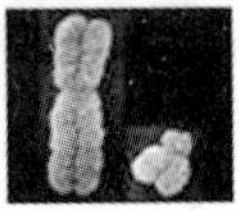

性别由染色体决定：
- 常染色体22对
- 性染色体1对
  - 男性为XY
  - 女性为XX

2. 回答问题

❖ 观察上面经整理后的男、女成对染色体排序图，讨论下列问题：

❖ 在男性和女性的各23对染色体中，哪一对被称为性染色体？

❖ 上面两图中，哪幅图显示的是男性的染色体？哪幅图显示的是女性的染色体？

❖ 想一想，就性染色体来说，男性有几种类型的精子？在男性的精子中应该有几条性染色体？女性有几种类型的卵细胞？在女性的卵细胞中应该有几条性染色体？

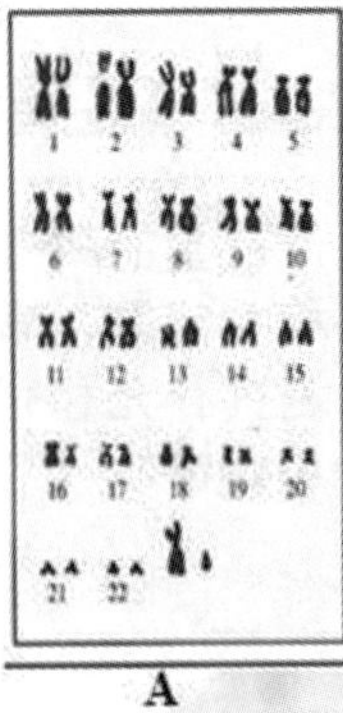

A

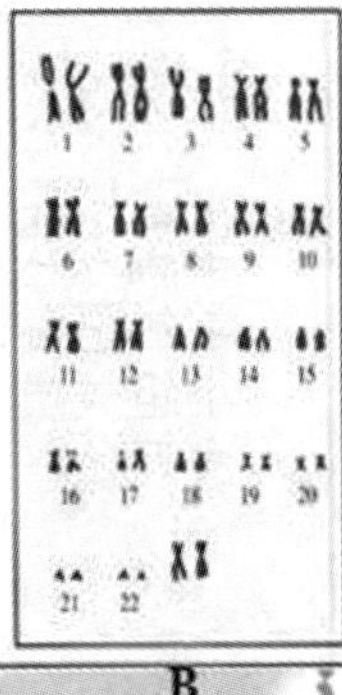

B

3. 生男生女图解

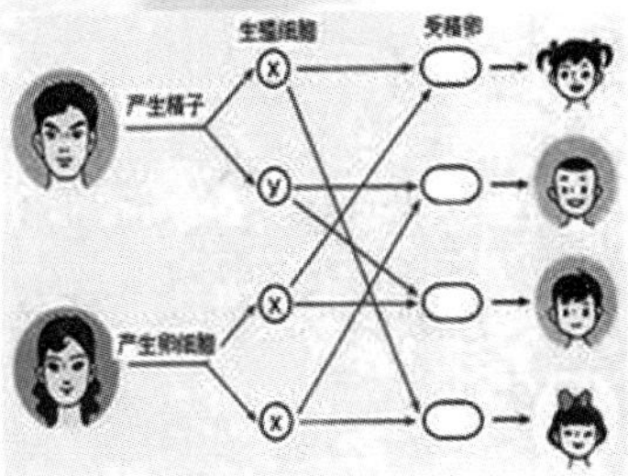

- 女性只能排出含X染色体的卵细胞。而男性排出的精子则有两种：一种是含X染色体的，另一种是含Y染色体的。它们与卵细胞结合的机会均等。那么生男还是生女的机会是否均等呢？分析该图解，你会得出正确答案。

4. 游戏：生男生女的概率

- 目的：让学生通过参与游戏，加深对"生男生女决定于精子的类型"这一知识点的认识。
- 游戏规则：
- 组长对小组成员进行分工，一女同学（甲）手持有XX染色体的信封，一男同学（乙）手持有XY染色体的信封，记录员1人，发言人1人。
- 让甲乙学生在两个信封中随机各取出一粒进行组合，循环抽取10次。
- 记录员对每一次抽取的组合进行记录。
- 发言人向老师报告本小组的XX和XY组合的结果。

5.小结

❖生男生女决定于精子的类型。

❖女性只能产生一种卵细胞：22+X

男性则产生两种精子：22+X 或22+Y

❖两种精子的数量基本相等，生活力大体一致，与卵细胞结合的机会均等。

思考回答：谈谈你对染色体组成22+X或22+Y和染色体组成22对+XY的理解？

6. 思考讨论

（1） 有些人认为：生男还是生女的责任在女性。你认为这种想法科学吗？为什么？

❖女性的卵细胞上只带有X染色体。男性的精子上可带有X染色体或Y染色体。

❖当带有X染色体的卵细胞与带有X染色体的精子相遇受精时，形成的小生命为女性。

❖当带有X染色体的卵细胞与带有Y染色体的精子相遇受精时，形成的小生命就是男性。

因此决定生男生女的不是女方而是男方，因为只有男方才带有Y染色体。不过也不能怪男方，因为这种机遇也不是男方自己能做主的。

（2）有些人为了满足生男孩的愿望，请求医生为孕妇作胚胎性别诊断，以决定取舍。这种做法对吗？如果许多人都这样做，对人类社会会产生什么样的影响？

性比偏高将直接影响青年男女的恋爱、婚姻，一部分男性因找不到合适配偶而不能进行正常的婚姻生活，可能导致某些男性在生理和心理方面失常而引发某些社会问题。此外，某些适于女性的工作缺少人手，而某些适于男性的工作竞争将更为激烈，使男性就业变得更加困难。这些都将使家庭和社会不稳定风险系数增大。

如八年级下册（北师大版）第22章物质的多样性第2节原生生物的主要类群，本节课的课堂展示PPT如下：

课堂展示（原生生物的主要类群）

学习方式：通过课堂的PPT展示，学生思考回答相关问题，学生答题时，该学习小组成员可以进行补充和完善，其他学习小组成员认真倾听和评价。

一、复习回顾：地球上的生物可以分为五大类群

生物分界	主要生物类群	结构特点
原核生物界	细菌、放线菌、支原体、立克次氏体、衣原体、蓝藻等	都是单细胞生物，细胞没有成形的细胞核
原生生物界	藻类和单细胞的原生动物等	少数是单细胞生物，多数是多细胞生物，细胞有真正的细胞核
植物界	苔藓植物、蕨类植物和种子植物	
真菌界	单细胞的酵母菌、霉菌和大型真菌等	
动物界	无脊椎动物和脊椎动物	

二、思考引入：如果将这四种生物根据结构分成两类怎么分？

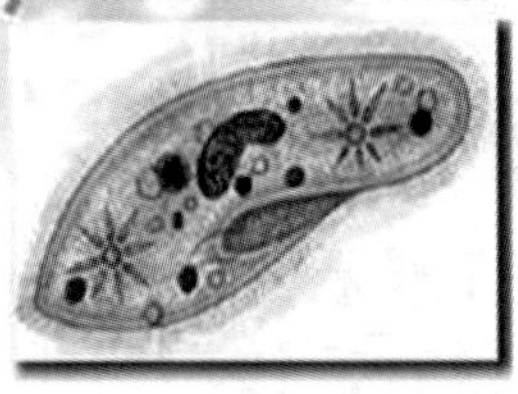
草履虫

蓝藻

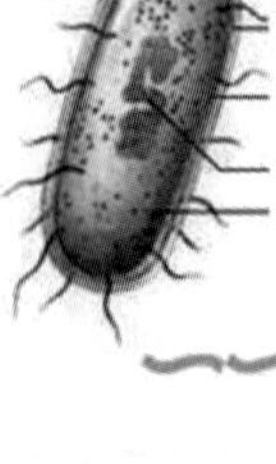
细菌

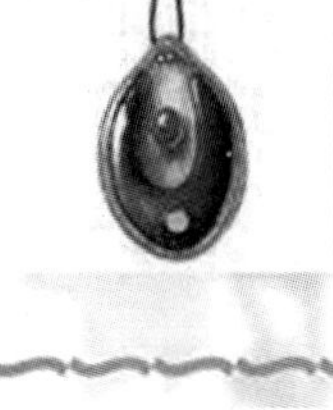
衣藻

三、认识原生动物

1. 观察以下原生动物，思考它们的共同特征

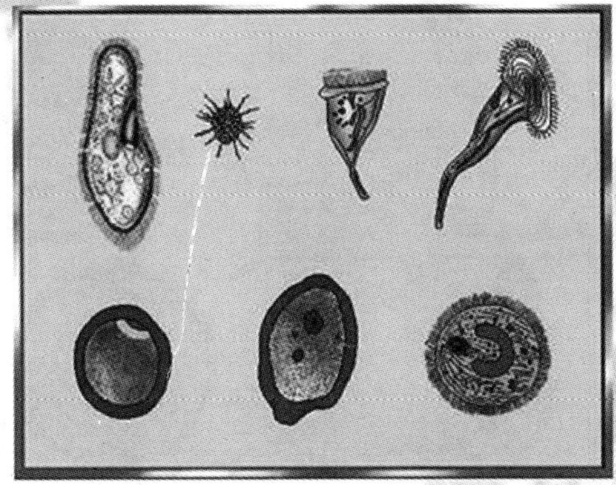

2. 请说出原生动物的主要特征

- 单细胞
- 结构简单
- 有真正的细胞核

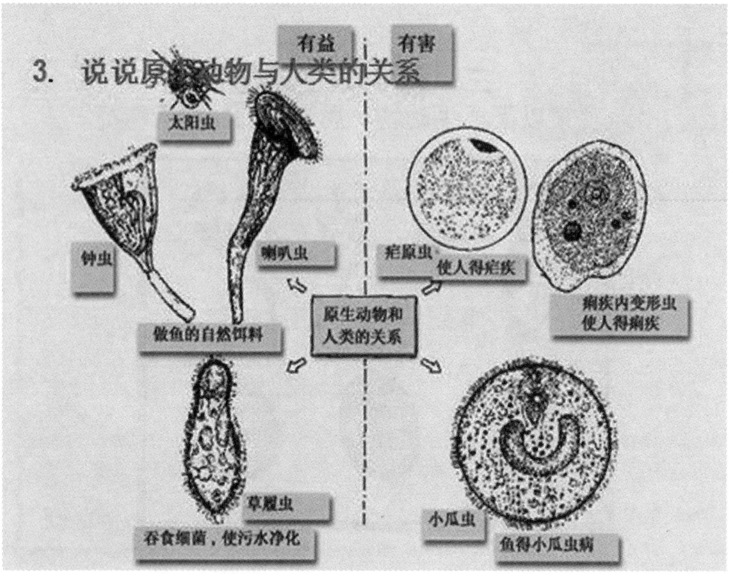

四、认识藻类

1. 你能将下列藻类进行分类吗？

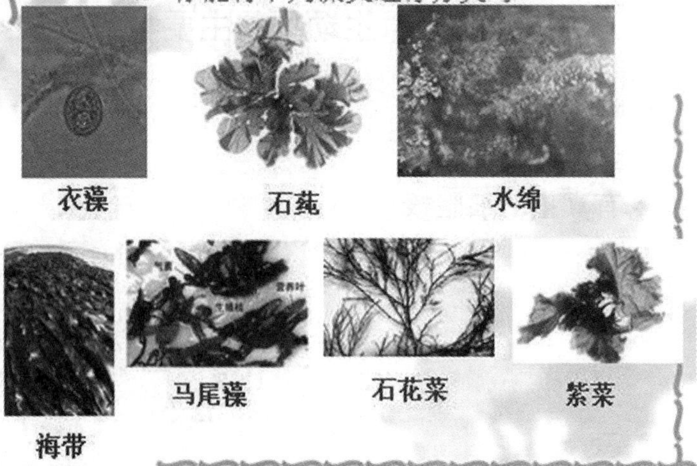

藻类的分类

❖ （1）绿藻如：衣藻，小球藻，水绵，石莼

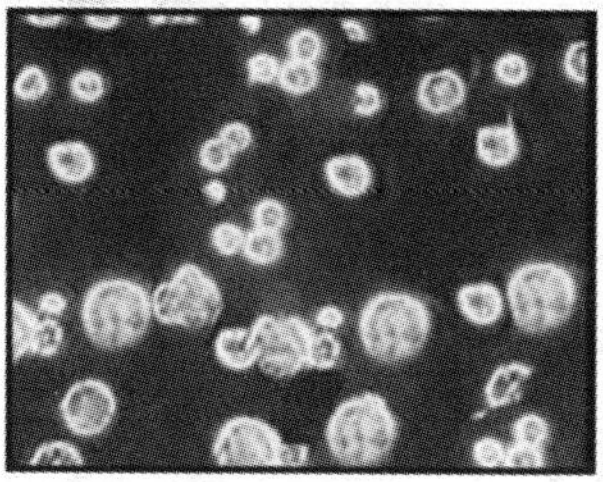

小球藻

石莼

（2）褐藻

❖ 昆布：俗称海带，多细胞，有坚韧叶柄及固着器，可以固生于海底，植物体呈叶状或扁平带状，有些可长达数十米。

(3) 红藻

紫菜

石花菜

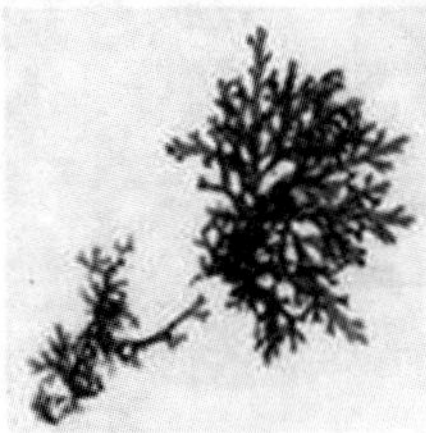

鹧鸪菜

2. 请说出藻类的主要特征

- 单细胞或多细胞，都含有叶绿素和类胡萝卜素，可以进行光合作用，大多数生活在水中。有些藻类还含有藻黄素、藻红素或藻蓝素等。

3. 藻类植物在生物圈中的作用以及与人类的关系

关于藻类植物在生物圈中的作用以及与人类的关系，右图可以给你一些提示，但不一定很全面。你还能做些补充吗?

4. 你对赤潮知识知多少——了解赤潮

- 赤潮的危害：

  ①引起海洋异变，局部中断海洋食物链，使海域一度成为死海；

  ②有些赤潮生物分泌毒素，这些毒素被食物链中的某些生物摄入，如果人类再食用这些生物，则会导致中毒甚至死亡。

课堂展示采用生生互动和师生互动的学习方式，老师用个人评价和小组评价相结合的手段，调动学生参与学习的热情，要求全班同学要尊重学生间的知识和能力差异，善于倾听他人的意见和看法。对问题的答案出现较大的争议时，老师要和学生一起分析答案的合理性、可行性及科学性，引导学生用课文知识点去理解和探究问题情景，启发学生对问题产生“源于课文”的答题理念，帮助学生树立关注社会、关心生活、关爱环境等学习情感，提高学生分析问题和解决问题的能力。同时，老师通过欣赏学生的课堂表现，不断用激励性的语言鼓励学生积极主动发言，让学生在学习中实现自我的价值，体验到学习的快乐。

五、巩固提升，理解运用

巩固提升环节是巩固和提升学生对本节课知识的理解和运用能力。主要是以完成习题的形式来体现。习题的内容来源于课文的思考与练习和参考《南方新课堂金牌学案》的课堂练习和能力展示的部分习题。以选择题为主要题型，根据教材的内容和特点，结合学习目标中的知识和能力要求，精选出一定数量的习题供学生训练。

巩固提升的学习方式：学生先个人完成老师布置的习题内容，组长负责检查小组成员的完成情况，发动组员帮助对完成习题有困难的组员，组织小组成员讨论有争议的问题。老师在学习小组中巡回指导，帮助学习小组解决有争论的问题，并通过学习小组的合作态度和答题情况对学习小组进行评价。

如七年级上册（北师大版）第 3 章细胞第 3 节细胞通过分裂而增殖，根据本节课的知识内容和能力要求，在巩固提升教学环节，设计的习题如下：

1. 较大细胞的表面积相对（　　）

A. 较大　　B. 较小

C. 不变　　D. 以上都不对

2. 动物细胞分裂过程中，最先进行的是（　　）

A. 细胞核先由一个平分成两个　　B. 细胞质平分成两份

C. 形成新的细胞壁　　D. 形成新的细胞膜

3. 分裂出的新细胞和原细胞具有相同的（　　）

A. 细胞结构　　B. 细胞核数量

C. 遗传物质　　D. 以上答案都不对

4. 下列叙述中，不属于细胞分裂的是（　　）

A. 细胞质平均分成两份，每份有一个细胞核

B. 细胞核平均分成两个

C. 液泡渐渐胀大，几个液泡合并成一个液泡

D. 细胞形成新的细胞膜和细胞壁

5. 植物细胞与动物细胞相比，在细胞分裂过程中不同的是，植物细胞还要形成新的（　　）

A. 细胞核　　B. 细胞膜

C. 细胞质　　D. 细胞壁

6. 细胞分裂过程中，细胞内变化最明显的是（　　）

A. 细胞壁　　B. 细胞膜

C. 细胞质　　D. 细胞核

7. 对下图所示过程的描述中，正确的是（　　）

a　　b　　c　　d

A. 该过程表示细胞生长

B. 该过程可以表示细胞分化

C. 该过程受遗传物质控制

D. d 图和 a 图相比，细胞中遗传物质减少一半

8. 有关一个体细胞经分裂产生两个新的体细胞的说法，正确的是（　　）

A. 每个新细胞的遗传物质比原来细胞的少

B. 两个新细胞含有一样多的细胞质

C. 每个新细胞的遗传物质和原来细胞的一样多

D. 两个新细胞大小完全一样

9. 细胞是生物体结构和功能的基本单位。下面是几种细胞模式图，请据图填空

甲　　乙　　丙

（1）丙细胞与甲、乙细胞的主要区别是没有______________________________。

（2）经观察发现，只在甲细胞中含有液泡和____________________，因此该细胞是植物细胞。

（3）多细胞生物体要长大，离不开细胞的分裂。如果乙细胞通过分裂产生了两个子细胞，子细胞与乙细胞的______________________________是一样的。

（4）单细胞生物通过________进行繁殖，多细胞生物通过细胞分裂使生物体不断更新________的细胞，从而保证生物体

的正常__________。

如七年级下册（北师大版）第 8 章人体的营养第 3 节合理膳食与食品安全，本节课的知识内容主要是生活中的食品营养、食品卫生及安全常识介绍，在巩固提升教学环节，设计的习题如下：

1. 合理膳食是指（　　）

A. 蛋白质是构成细胞的基本物质，应该多吃

B. 糖类是主要供能物质，应该多吃

C. 应以肉类、蔬菜和水果为主要食物

D. 各种营养物质的比例合理，互相搭配

2. 膳食中不搭配蔬菜和水果等食物，会造成身体缺乏（　　）

A. 淀粉和蛋白质　　B. 维生素和无机盐

C. 蛋白质和脂肪　　D. 维生素和脂肪

3. 下列饮食习惯符合平衡膳食基本要求的是（　　）

A. 多吃煎、炸食物　　B. 少吃青菜和水果

C. 经常吃汉堡包、喝可乐　D. 食物多样，谷类为主

4. 某家长为临近毕业考试的孩子设计了一份晚餐食谱：米饭、炒猪肝、清蒸鲫鱼。为了均衡膳食，补充哪种食物能使食谱营养更合理（　　）

A. 煎鸡蛋　B. 稀饭　C. 炒青菜　D. 五香牛肉

5. 下列不符合营养卫生和饮食卫生要求的是（　　）

A. 食物多样性，不挑食

B. 不暴饮暴食，按时进餐

C. 饭后剧烈运动，以助消化

D. 讲究食物营养成分和搭配

6. 食品安全事关人的健康，下列说法不符合食品安全的是

(　　)

A. 青菜、水果买回要清洗干净

B. 购买经过检疫的猪肉

C. 购买食品要看保质期

D. 已变质的食物必须高温蒸煮才能食用

如八年级上册（北师大版）第 20 章生物的遗传和变异第 2 节性状遗传的物质基础，本节课的知识内容主要是描述染色体、DNA 和基因以及基因和性状的关系，在巩固提升教学环节，设计的习题如下：

1. 下列关于遗传物质的叙述中，正确的是（　　）

A. DNA 是遗传信息的携带者

B. 蛋白质控制生物的性状

C. 一个 DNA 分子含有一个基因

D. DNA 上任意片段都可控制生物性状

2. 指纹在胎儿三四个月便开始产生，到六个月左右就形成了，当婴儿长大成人，指纹也只是放大增粗，它的纹样是不变的。指纹具有唯一性、遗传性和不变性，常用来鉴定身份，被称为“人体身份证”。决定每个人指纹这一性状的是（　　）

A. 基因　　B. 蛋白质　　C. 脂肪　　D. 糖类

3. 下列关于染色体、DNA、基因和细胞核四者之间的关系中，正确的是（　　）

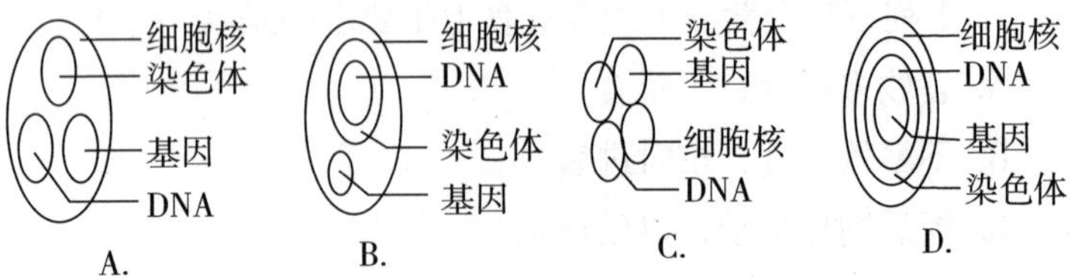

4. 随着人类基因组计划及各种基因工程技术的深入开展，人们对基因有了更多的了解。下列关于基因的描述中，错误的是（　　）

A. 基因主要位于细胞的染色体上

B. 性状相同，基因组成不一定相同

C. 基因决定生物的性状，通过指导蛋白质的合成表达遗传信息

D. 体细胞内的基因都是成对存在的，位于一条染色体上

5. 人体内的心肌和骨骼肌很不一样，这是由于（　　）

A. 基因不同

B. 基因表达不同

C. 染色体不同

D. DNA 不同

6. 下图是关于遗传知识的概念图，图中代码 1 为______、代码 2 为长链分子、代码 3 为遗传信息、代码 4 为_______。

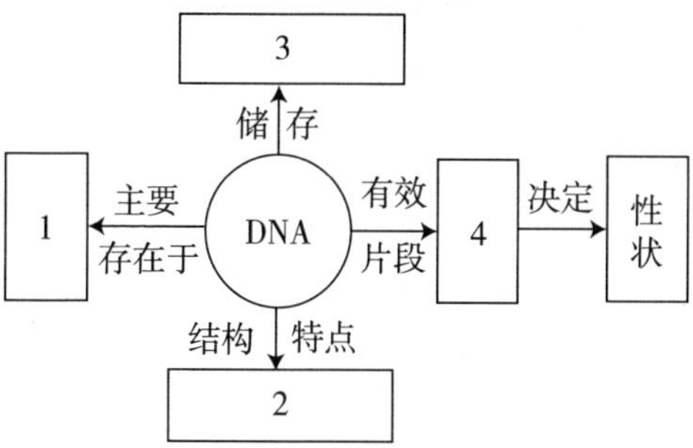

7. 看图并回答下列问题。

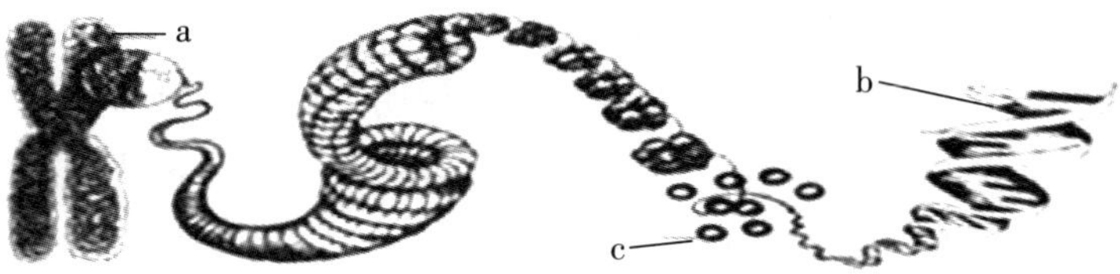

（1）图中 a 表示的结构是____________，存在于细胞核中，它用碱性染料染色后用光学显微镜可以观察到，主要由____________和____________组成。

（2）图中 b 是____________，是主要的遗传物质。它的结构像一个螺旋形的梯子，其上具有控制生物性状的片段叫作____________。

（3）每种生物____________的数目是一定的。正常人体的体细胞中含有 a 的数量是____________对，成对的 a 中都是一条来自于____________，一条来自于____________。

如八年级下册（北师大版）第 23 章生态系统及稳定性第 4 节生态系统的稳定性，本节课的学习目标是说出并理解生态系统的稳定性及维持稳定性的条件，在巩固提升教学环节，我设计的习题如下：

1. 生态系统的稳定性包含了哪几方面的相对稳定平衡状态（　　）

A. 生物与非生物物质之间

B. 生物与非生物能量之间

C. 生物与生物之间

D. 以上选项都是

2. 下列行为中，对保持生态平衡有益的是（　　）

A. 减少分解者的数量

B. 增加消费者的数量

C. 减少生产者的数量

D. 增加食物网中生物的种类

3. “野火烧不尽，春风吹又生”说明草原这一自然生态系统的生生不息，但稻田、麦田却需要农民的百般呵护才能得到维持，其本质原因是（　　）

A. 水稻、小麦这些生物品种属于人工培育的，生命力不强

B. 水稻、小麦种子富含淀粉，易招揽昆虫、麻雀等

C. 稻田、麦田使用了过多的肥料和农药，破坏了自然生态系统

D. 稻田、麦田是人工生态系统，生物种类单一，生态系统的调节能力差

4. 在天然的草原生态系统中，狼由于某种疾病而大量死亡。下列最符合较长时间内鹿群数量变化的曲线是（　　）

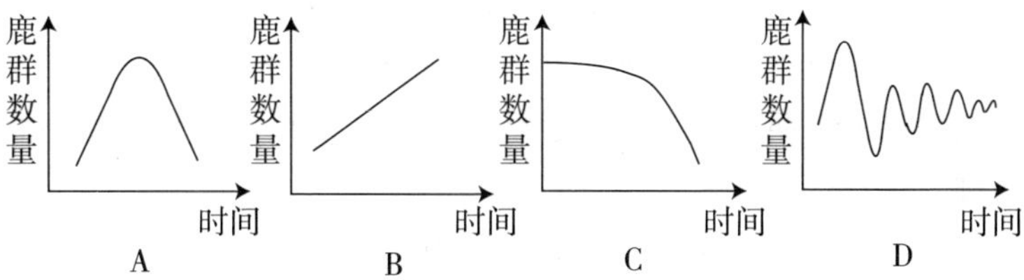

5. 下列有关外来物种的叙述，错误的是（　　）

A. 巴西龟、食人鲳等外来物种不可随意放生

B. 外来物种也可能带来新的疾病，危害本土生物

C. 外来物种可以增加生物多样性，应多多引进

D. 外来物种会破坏生态系统原有的稳定性

6. 下图是一幅草原生态系统中鼠与狐的数量变化曲线图，有关的食物链为草→鼠→狐。

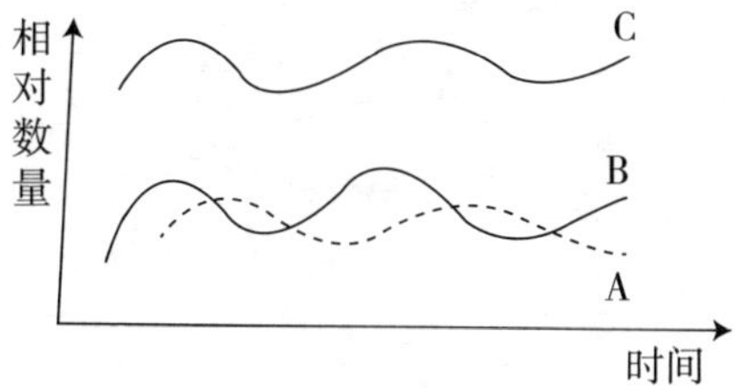

（1）曲线 A、B、C 分别代表______、______和______的数量变化。

（2）当没有外来因素干扰时，草、鼠和狐会维持在一个相对稳定的状态，原因是生态系统具有一定________________________。

（3）如果为了获取毛皮而大量猎狐，则产生的严重后果是鼠类的数量迅速________________，草场中草的数量________________。

7. 广东的江河湖泊多，水面上我们经常会看到大片漂浮的水葫芦。水葫芦原产南美洲，在原产地有 200 多种天敌。它被引入我国用于净化污水，后来漂入自然水域。近几年，疯长的水葫芦已经成为威胁我国生物多样性的“杀手”。以云南昆明滇池为例，水葫芦几乎覆盖了整个湖面，使很多当地水生生物绝迹。

（1）水葫芦在原产地有____________________，控制其数量，不会造成危害。

（2）水葫芦覆盖滇池整个湖面，滇池当地很多水生植物会因为缺乏_________________无法进行光合作用而死亡；水生动物随之因为_________________而死亡。这种外来生物对当地生态环境造成严重危害的现象叫____。破坏生态系统稳定性的因素主要包括__________和____________。

（3）请提供两种治理滇池水葫芦的方法：____。

巩固提升采用自主学习和合作学习的模式，充分调动了学生参与学习的积极性和主动性，培养了学生参与意识和合作精神。通过完成习题，巩固本节课所学的知识内容，加深对新知识内容的感悟和记忆，提高了学生对所学知识的理解、分析及运用等能力。

六、课堂小结，思维回归

课堂小结教学设计包括两个方面的内容，一是通过对本节课的学习，谈谈自己的收获；二是由老师和学生一起，评出本节课的最佳学习小组。课堂小结要求学生结合本节课的学习目标，从知识、能力、情感态度与价值观角度来谈。学生通过参与本节课老师创设的教学和学习活动，在学习体验中谈获得的感悟和收获，例如：本节课学到了什么知识，学习方法和学习能力上有何认同感和启发。在学习行为和学习习惯的养成中，树立学生正确的价值观和积极的人生态度。同时老师帮助学生对本节课的知识进行梳理，理清知识的内在联系，形成系统的知识网络。

学习方式：老师指定学习小组回答，由小组代表或老师指定的学生来发言，该小组其他成员可以进行补充和完善。其他小组成员倾听和评价。老师可结合本节课留下的教学时间，让个别小组或多个小组来谈。并根据本节课学习小组的表现和学习效果，一起评选出本节课最佳学习小组。

如七年级上册（北师大版）第 2 章探索生命第 2 节生物学研究的基本方法，课堂小结谈本节课的收获，学生是这样说的：(1) 生物学的研究和发展离不开生物学家的科学实验活动，我知道生物学研究有观察法、调查法、比较法、文献法和实验法。(2) 我知道了实验法研究的基本步骤，它包括提出问题、收集问题信息、作出假设、设计实验方案、实施实验并记录、分析实验现象、得出结论。(3) 从响尾蛇捕食老鼠的实验中得知生物学实验设计要有对照实验。(4) 生物学实验法的研究同时还需文献法和观察法等相结合。(5) 我打算模拟实验法的研究过程，利用周六、周日，组织学习小组成员开展“影响鼠妇分布的环境因素”的探究实验。

反射可分为非条件反射和条件反射，是七年级下册（北师大版）第 12 章人体的自我调节第 1 节神经系统与神经调节第 3 课时的学习内容，课堂小结时有 6 位学生分别谈了本节课的收获：（1）通过观察《狗、铃声、食物、唾液分泌》的视频和 PPT，我知道了狗吃食物分泌唾液是非条件反射，狗听到铃声分泌唾液是条件反射。(2) 我知道非条件反射具有先天性，动物生来就有的，而条件反射是后天形成的。(3) 我学会了条件反射的建立必须有条件刺激（如铃声、哨声），并需要经过一段时间的训练形成。(4）我能够区分非条件反射和条件反射的不同和联系。(5）学习科学知识就是人类的一种条件反射，对知识的理解和掌握离不开及时复习和做题去强化巩固。(6）利用我家养殖的小金鱼，我打算用金鱼饲料和敲打金鱼缸壁相结合，进行条件反射实验。

如八年级上册（北师大版）第18章生物圈中的微生物第2节微生物与人类的关系，学生通过对微生物知识的学习，懂得微生物在日常生活中与人类的关系非常密切，虽然有些微生物使人患病，但在生活中大多数微生物有益于人类。课堂小结谈本节课的收获时，学生都踊跃举手发言：(1）在微生物使人致病方面：我知道流行性感冒是由感冒病毒引起的；手足口病也是由病毒引起的；痢疾是由于食用了被痢疾杆菌污染的食物；黄曲霉素是一种致癌物质，所以我们不能吃发霉的花生；我们不能随便采摘和食用山上和林地不认识的菌类，有些菇类看起来很漂亮，其实是有毒的等等。(2）在微生物有益于人类方面：我们每天吃的馒头和面包是利用酵母菌的发酵作用而制作出来的；我们喝的酸奶、经常吃的泡菜是由乳酸菌发酵出来的；我知道医院打点滴常用的抗生素有青霉素和头孢菌素；农村用的沼气是利用秸秆、粪便和甲烷细菌产生的；利用一些寄生性的细菌和病毒可以治理农林害虫；利用基因工程技术，可以生产胰岛素、乙肝疫苗、干扰素等等。(3）在情感态度及价值观方面：我们要好好学习微生物方面的科学知识，认识自然界中微生物的本质特征，控制有害微生物，利用有益微生物造福于人类，使自然界中的微生物更好地与人类相处。

如八年级下册（北师大版）第21章生命的发生和发展第1节生命的起源，对于地球上生命是怎样发生的问题，学生曾经听过神话故事，阅读过科普文章，通过电视、网络与媒体介绍，也获取过生命发生和发展的相关信息，很想知道问题的答案。因此，学生对地球上生命的发生和发展很感兴趣，本节课的课堂小结谈收获，学生充分表达了自己的观点：（1）通过这节课的学习，我知道了对“生命的起源”有“神创论”“自然发生论”“生生论”“宇宙生命论”“化学进化论”等观点。（2）我认为地球上的生命不是自然发生的，我更认可生命可能来自其他星球，也认同地球上的生命可能由非生命物质通过化学途径进化而来。（3）雷迪的“腐肉生蛆”实验和巴斯德的“鹅颈烧瓶”实验证明，有些学者赞同的“自然发生论”观点是不科学的，我认为对生物学现象的认识不能主观臆想，要通过科学实验来探究。（4）美国科学家米勒的实验使我知道了原始大气的成分、原始地球条件，知道了原始海洋是形成原始生命的场所。（5）通过这节课的学习，我完全否定生命是由神和上帝创造的观点。（6）通过学习前人对生命起源的探究历程，我深深感受到对科学知识的认识离不开实事求是的科学态度和学者的不懈努力。

课堂小结可以帮助学生理清知识结构，掌握内在联系，帮助学生理解和记忆本节课所学的知识，并构建自己的知识体系。在理顺知识的同时，学生认知思路会更加清晰。课堂小结既培养了学生的学习能力，又提高了学生的思维品质和总结归纳能力，在教与学的活动中起到画龙点睛的效果，从而使课堂教学有一个完美的结局。

七、作业布置，巩固提高

课后作业是课堂教学的补充和延伸，可以帮助学生更好地巩固、理解、掌握和深化课堂教学所学的知识内容，培养学生对学习的责任感，形成良好的学习习惯。老师充分利用好学校为学生统一购买的《南方新课堂金牌学案》，除在巩固提升教学环节解决的部分习题外，再精选出几道能力展示习题（非选择题），要求学生课后认真去完成。针对不同学生的认知基础和学习能力不同，对每天布置的作业实行弹性作业制，要求优等生必须全部完成，中等生至少做完 2 道题，学困生至少要完成 1 道题。

作业由小组组长督促小组成员完成并进行检查，组长检查完签上名并写上检查日期交科代表，由科代表收齐交老师检查批改。老师批改作业时，对能对照要求、按时完成、书写工整、答案准确度高的学习小组给予表扬，对作业完成不认真、马虎应付的同学给予及时提醒，并向他们指出还需努力的方向。

作业的布置不但促使学生自觉去复习当天所学的知识，有效提高了学生的答题水平和能力，又为下一课时的你问我答教学活动做好准备。

第三部分：对在课堂中开展“小组合作学习”的教学设计

以“小组合作学习”为载体，精心设计课堂教学模式，以学生为主体，教师为主导，打造自主、合作、探究的高效课堂教学模式。本部分选用6篇初中生物学教学设计案例，与读者一起分享，以资借鉴。

“植物体的主要组织”教学设计

一、教材分析

植物体的主要组织是北师大版初中《生物学》七年级上册第4章第1节细胞分化成组织第2课时的教学内容。第1课时已学习了细胞的分化和组织的概念，了解了人体的四种基本组织。本节课内容主要是介绍植物体的四种基本组织，要求学生通过举例和观察身边的植物，分析比较植物体不同组织的分布、结构特点及功能，认识它们的生命活动，形成生物体的结构与功能相适应的生物科学观点。本节课的知识概念图如下图所示。

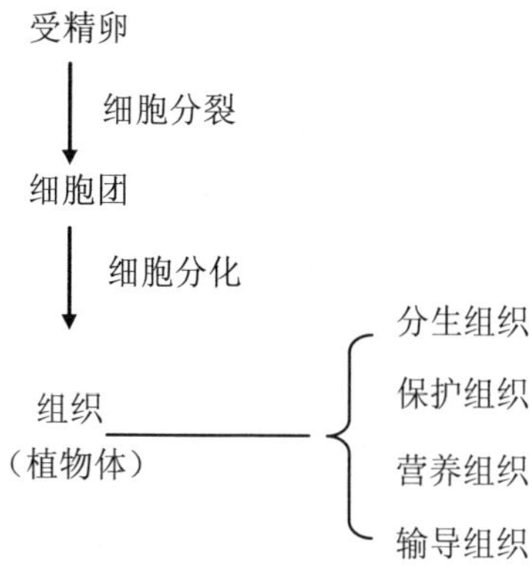

二、教学目标

1. 知识目标：说出生活中常见的植物组织，根据不同组织的结构特点比较植物的四种基本组织，说出它们的分布及功能。

2. 能力目标：学会运用概念图表示细胞分裂和分化，组织形成的相关概念；通过对各种植物组织的观察、思考和讨论，使学生能掌握由感性到理性的学习方法和思维方式。

3. 情感态度与价值观目标：在学习过程中，形成植物体的结构与功能相适应的生物科学观点，认同生物体是一个统一整体的生物学观点。

三、教学过程

（包括你问我答、学习目标、先做后学、课堂展示、巩固提升、课堂小结、作业布置共七个教学环节）

课前准备：

1. 教学班分成十二个学习小组，每个学习小组四人，每个学习小组设组长一人。

2. 自制 PPT、植物四种基本组织比较表格、《南方新课堂学生金牌学案》。

3. 材料准备：胡萝卜（根）、带花的油菜（叶和花）、甘蔗（茎）、番茄（果实和种子）。

（1）你问我答　此教学环节安排三个学习小组提问，每个学习小组提出一个问题，问题来源主要是上节课学习的知识内容（生物体结构和功能的基本单位、组织的概念、人和动物的四种基本组织），由其他学习小组举手回答，当老师指定同学回答问题时，该学习小组成员可相互协作，对问题的答案进行补充和完善，其他小组成员进行倾听和评价。

设计意图：采用小组合作学习方式，复习巩固旧课知识点，引入新课。

（2）学习目标　老师用 PPT 展示本节课的学习目标，同时对本节课的学习目标进行解读：①说出生活中常见的植物组织，比较植物的四种基本组织的结构特点，说出它们的分布及功能。②学会运用概念图表示细胞分裂和分化，组织形成的相关概念；通过对植物体各种组织的观察、思考、讨论及小组合作等学习活动，使学生能掌握由感性到理性的学习方法和思维方式。③在学习过程中，形成生物体的结构与功能相适应的生物科学观点。

设计意图：学习目标是本节课的学习内容和学习要求，学生通过专心聆听老师讲解和分析，熟悉本节课要学习的知识内容和学习任务。

（3）先做后学　①阅读课文第 58、59 页涉及学习目标的相关知识内容。②完成以下习题：植物体的主要组织包括______、______、______、______；植物体内有一部分细胞，始终保持分裂能力，这样的细胞群称为________，它主要分布在植物的________；________组织覆盖在植物体表面，对内部的各种组织起到保护作用；番茄的果肉和叶肉属于________组织，它们的细胞壁薄，液泡大，有储存营养物质的功能；输导组织导管的作用是运输________和________；筛管的作用是运输________。③学习小组组长检查本学习小组成员对习题的完成情况，并组织小组成员对有争议的习题答案进行讨论。④老师根据学习小组成员的学习表现和答题情况对学习小组进行评价。

设计意图：先做后学符合七年级学生的认知规律，先让学生自己寻找课文知识并完成一定的习题，可以使学生了解到本节课的学习内容，并对本节课的知识结构有一个整体认识。组长的检查、小组成员的交流讨论及老师对学习小组的评价可促使学生积极主动参与并完成相关的学习任务。

（4）课堂展示　①回顾细胞分化成组织的过程，老师通过播放制作的PPT动画图（细胞→细胞群→组织），让学生再次感悟组织的形成过程。②新知探究，老师通过播放植物体的分生组织、保护组织、输导组织、营养组织结构图幻灯片，让学生认真观察植物体四种组织的结构特点，学习小组思考讨论并回答问题：问题1，构成四种组织的细胞结构有什么特点？问题2，说出植物体的结构与功能相适应的观点？③观察比较，学习小组组长领取课前已分装好的切开的番茄、甘蔗、胡萝卜、油菜。学习小组进行讨论并回答问题：问题1，当你吃甘蔗时，首先要将甘蔗茎坚韧的皮剥去，剥皮的时候还会发现有许多白色丝状物，咀嚼甘蔗茎时会有很多的甜汁；咀嚼以后剩下的渣滓被吐掉。试说说甘蔗是由哪些组织构成的？问题2，说出胡萝卜、油菜（叶和花）、番茄有哪几种组织？问题3，植物的根、茎、叶（营养器官）和花、果实、种子（生殖器官）由哪些组织组成？④老师走下讲台，主动参与小组讨论的相关学习活动，并对学习小组的学习表现进行评价。

设计意图：从回顾细胞分化成组织动画图入手，加深学生对细胞形成组织概念的认识和理解。通过 PPT 观察和比较植物体四种组织的结构特点，认识植物体四种组织的基本特征，构建细胞结构和功能相适应的生物学观点。把学生日常生活中常见的植物番茄、甘蔗、胡萝卜、油菜带进课堂，激发学生的学习兴趣和求知欲望。学生对相关问题的思考、分析及小组讨论，能帮助学生理解和掌握本节课学习目标中的知识点，使学生形成由感性到理性的学习方法和思维方式，提升学生的生物科学素养。同时老师与学生之间的互动和评价，让学生感受到小组合作学习带来的快乐。

（5）巩固提升　①填表比较：植物体的四种主要组织的结构特点、分布及功能，要求学习小组通过讨论交流合作完成。

类型	分布	结构特点	功能
分生组织			
保护组织			
输导组织			
营养组织			

②学习小组合作完成课本第 59 页思考与练习第 2 题和第 3 题。

设计意图：学习小组通过思考、分析、探究及交流合作，组长组织小组成员完成老师布置的学习任务。反馈习题答案时采用小组竞争的方式，其他小组成员对习题答案可进行补充和完善，老师和同学根据学生的答题情况进行评价。通过小组合作来完成习题，可以巩固和提升所学的知识内容，并在合作学习的氛围中提高学生分析问题和解决问题的能力。

（6）课堂小结　①通过本节课的学习活动，谈谈自己的收获（结合知识、能力和情感态度与价值观角度来说）。老师指定学习小组回答，由小组代表发言，发言小组其他成员可以进行补充，其他小组成员倾听和评价。②根据学习小组成员在本节课的课堂表现、答题情况及对相关习题的完成质量，老师和学生共同评出本节课的最佳学习小组。

设计意图：通过学生来谈收获，让学生进一步明确和巩固本节课所学的知识目标，帮助学生构建植物体组成的知识结构体系。评选最佳学习小组，让学生感悟到团队力量和合作学习带来的成功喜悦。

（7）作业布置　完成《南方新课堂金牌学案》第 25 页能力展示第 3、5、6 题（选择题）及第 8 题（概念图填空题）。[①] 学习方式：作业由小组组长督促小组成员完成并进行检查，检查完签上日期和姓名交科代表，由科代表收齐交老师检查，老师根据小组作业的情况和完成质量对学习小组进行评价。

设计意图：学生通过完成作业进一步巩固本节课所学的知识内容，构建植物体组成的知识概念。通过组长督促和检查作业，发挥组长的职能，减轻老师的工作压力。

四、教学反思

本节课遵循面向全体学生，以学生为主体，提高学生的生物科学素养。倡导“自主探究、合作学习、创新发展”的理念。[②] 通过观察植物的根、茎、叶和花、果实、种子，认识植

① 广东省教育研究院教研室．南方新课堂金牌学案八年级生物学下册（2012 年版）［M］．广州：广东教育出版社，2017：25—26.

② 刘玉静．合作学习教学策略［M］．北京：北京师范大学出版社，2011.

物的四种基本组织分布和作用。课堂教学过程中，采用小组合作模式，开展自主学习、合作学习、探究学习、小组评价等学习活动，以学生为主体，以 PPT 和生活中常见的植物作为辅助教学工具，激发学生的学习兴趣，帮助学生理解植物体的四种基本组织，构建植物体组成的知识概念：细胞→组织（分生组织、保护组织、营养组织、输导组织）→植物体器官（根、茎、叶、花、果实、种子）→植物体。学习小组通过对问题和习题的思考、分析和交流合作，加深了学生对教材知识内容的深入理解，提高了学生学习技能。从学生课堂表现和习题反馈来看，学生能识别植物体不同组织的结构特点，准确说出植物体四种主要组织的分布及作用，树立了结构和功能相互统一的生物学观点。

“皮肤与汗液分泌”教学设计

一、教材分析

皮肤与汗液分泌是北师大版初中《生物学》七年级下册第4单元第11章人体代谢废物的排出第3节的学习内容。本节课的知识内容，以人体代谢废物为主线，介绍皮肤的结构与功能，汗腺的结构和汗液的形成以及排汗对人体的意义。本节课的概念体系：[①] 皮肤由表皮和真皮组成，汗腺是皮肤的附属结构，汗腺可以形成和分泌汗液，排汗可排出人体部分代谢终产物，并对体温具有调节作用。

二、学情分析

通过对本章第1节人体产生的代谢废物和第2节尿的形成与排出的学习，学生已掌握了代谢废物的排出途径及排泄对人体生命活动的意义，知道呼吸、出汗、排尿都是人体产生和排出代谢废物的方式。皮肤覆盖在身体表面，与外界环境直接接触，人的手掌和脚掌的老茧，皮屑、出血、疼痛、出汗等人体生理现象与学生日常生活联系紧密。因此，在生活中，学生对

---

① 刘恩山，肖尧望，郑春和．生物学教师教学用书七年级下册（2015年版）［M］．北京：北京师范大学出版社，2016：173.

皮肤具有一定的感性认识，但对表皮、真皮、皮肤附属物、汗腺的结构功能及汗液的形成过程，学生还缺乏真正认识和理解，需要进一步学习和了解。

三、设计思路

课堂围绕自主学习、合作学习和探究学习的教学理念。通过观察图片（皮肤的永久切片、课本和 PPT 皮肤结构图）、观看视频、分析小资料，结合现实生活中的实际问题，让学生去观察、比较、分析和探究。在问题探究、习题巩固和课堂小结中启发学生思维，构建知识网络体系，学会运用所学的知识去解决实际问题。本节课采用小组合作学习模式，教学班分成十二个学习小组，每四人为一个学习小组，每个学习小组设组长一人，通过小组交流讨论、合作竞争、评选最佳学习小组等学习活动充分调动学生学习的主动性和积极性。在认识和理解皮肤和汗腺的结构及功能的基础上，形成生物体的结构与功能相适应的生物科学观点，同时引导学生做好皮肤的卫生保健和养成良好的饮水习惯。

四、教学目标

1. 知识目标。

（1）识别皮肤的结构，说出皮肤的功能。

（2）说出汗液的形成与排出以及排汗对人体的意义。

2. 能力目标。

通过观察图片、微课视频，分析资料，提高观察、比较、思维、应用所学知识解决实际问题的能力。

3. 情感态度与价值观目标。

形成器官的结构与功能相适应的观点，养成良好的生活与卫生习惯。

五、教学重点和难点

1. 教学重点。

皮肤的结构与功能。

2. 教学难点。

汗液的分泌与排出。

六、教学准备

显微镜、人体皮肤（包括汗腺）永久切片、制作微课视频和 PPT 等。

七、教学过程

1. 你问我答。

（1）第 12 小组提问，第 5 小组回答。

（2）第 4 小组提问，第 6 小组回答。

（3）第 10 小组提问，第 11 小组回答。

学习方式：学习小组提出的问题主要是上节课所学习的知识内容。涉及提问和回答的学习小组先通过课前复习，熟悉前面所学习的知识内容。提问和回答时，小组成员可相互协作，对问题和答案进行补充和完善。其他学习小组成员进行倾听和评价。

设计意图：让学生养成课前复习的习惯，老师可利用新旧知识内容的衔接和联系引入新课。

2. 学习目标。

（1）识别皮肤的结构，说出皮肤的功能。

（2）说出汗液的形成与排出以及排汗对人体的意义。

（3）在观看图片、微视频，思考和回答问题，分析资料和小组合作等学习活动中，发挥团队协作精神，提高观察、比较、分析问题和运用所学知识解决实际问题的能力。

（4）形成生物体的结构与功能相适应的生物科学观点，在日常生活中养成良好的饮水习惯并做好皮肤的卫生保健。

设计意图：让学生明确本节课要学习的知识内容和学习要求。

3. 先做后学。

（1）课前先预习课文第66至68页涉及本节课的知识内容，完成自主预习填空题第①②③题。

①皮肤覆盖在________，由________和________构成。皮肤上有毛发、________、________、指甲（趾甲）等附属物。

②表皮位于皮肤表层，由________组织构成，其内没有血管。表皮分为角质层和________。角质层细胞排列________，细菌不易侵入，并且可以防止体内水分的散失。角质层表皮脱落的细胞称为______________。生发层细胞可以________产生新细胞。真皮比表皮厚，主要由__________组织构成，含有大量________纤维和________纤维，使皮肤有一定的弹性和韧性。真皮内含有丰富的__________和感觉神经末梢。皮肤附属物主要是由表皮细胞特化形成的，不同的结构有不同的功能。如皮肤的汗腺能分泌汗液，调节体温。毛发能够保护皮肤，保持___________。

③汗腺包括分泌部和__________。分泌部位于________深层或皮下组织内，由盘曲成团的______构成，它的周围有__________。汗液是在______中形成的，其过程如下：当环境温度较高时，汗腺周围的__________扩张，血流量______，汗腺________细胞从血管中吸收的水、无机盐和尿素等物质形成了汗

液。汗液通过______到达体表被排出，同时，也带走体内的一部分______，对人体的体温具有调节作用。

（2）学习小组组长负责督促和检查本学习小组各成员的习题完成情况，组织小组成员对有争议的答案进行交流和讨论。

（3）老师根据各学习小组成员的答题情况（是否全部完成）和答案（准确率）对学习小组进行评价。

设计意图：学生通过预习并完成一定的习题，使学生了解到本节课的知识内容，并对本节课的知识结构有一个初步的整体认识。

4. 课堂展示。

（1）利用课前和课后用显微镜观察人体皮肤永久切片。

（2）观看微课视频（皮肤的结构特征及汗液的形成与分泌）。

（3）思考并回答 PPT 设计的相关问题。

PPT 展示内容和问题：

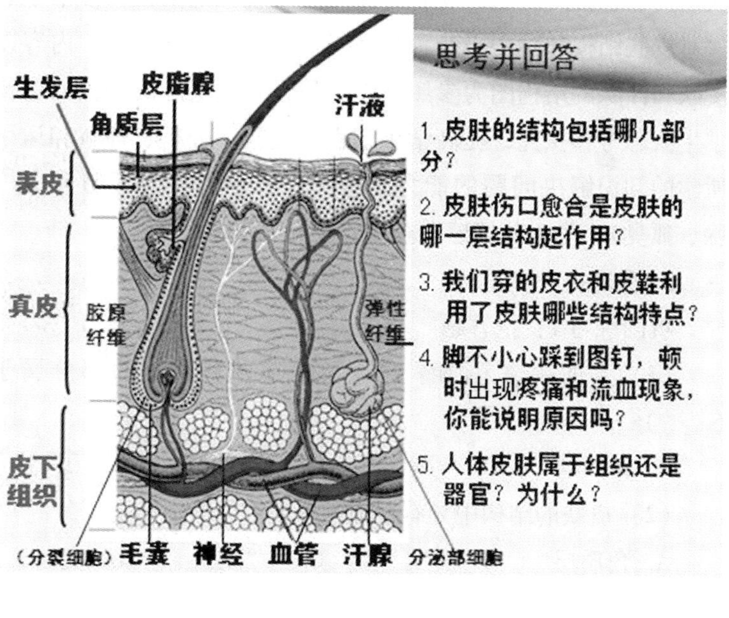

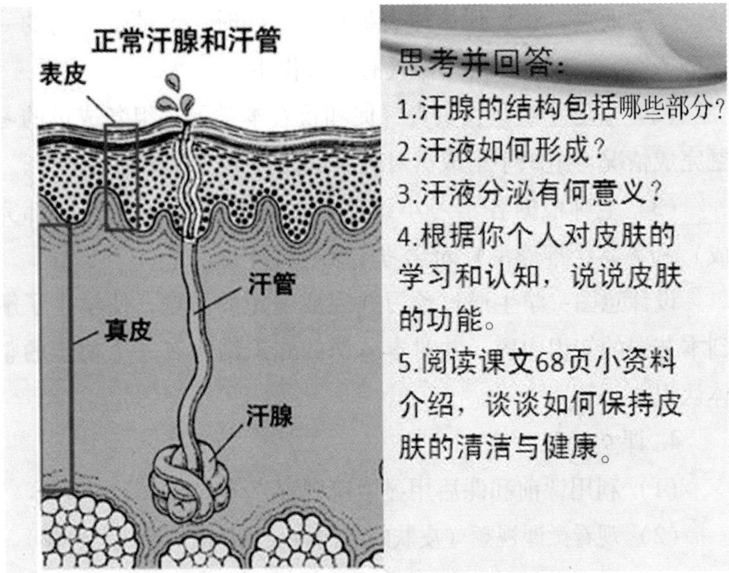

设计意图：在显微镜下观察皮肤的永久切片，让学生对皮肤结构有感性的认识；观看微课和聆听视频的解说，使学生加深对皮肤结构和功能及汗液的形成与分泌的认知；PPT 内容以皮肤和汗腺的结构图为参照，设计贴近生活实际的相关问题让学生去思考和探究，提高学生识图、比较、分析、理解和运用所学的知识解决问题的能力。通过分析小资料（汗腺和大汗腺、狐臭），学生从情感上获得皮肤的卫生保健常识。

5. 巩固提升。

巩固练习 1：抢答题

（1）人的手掌和脚掌的老茧，其显著增厚的部分属于（　　）

A. 角质层　　B. 生发层　　C. 皮下组织　　D. 真皮

（2）皮肤的结构中具有很强的分裂增生能力的是（　　）

A. 角质层　　B. 真皮　　C. 生发层　　D. 皮屑

（3）利用牛皮制皮带，主要是利用了皮肤的哪一结构(　　)

A. 表皮　　B. 皮下组织　　C. 真皮　　D. 附属物

（4）下列结构不属于皮肤的附属物的是（　　）

A. 手指甲　　B. 表皮　　C. 皮脂腺　　D. 汗腺

（5）人体能够感受到外界气温的变化，是由于什么结构分布于皮肤（　　）

A. 头发　　B. 血管

C. 汗腺　　D. 感觉神经末梢

（6）有些人喝了酒，脸色绯红，其生理变化发生在皮肤的（　　）

A. 角质层　　B. 生发层

C. 真皮　　D. 皮下组织

（7）与皮肤排泄功能有关的结构是（　　）

A. 皮脂腺　　B. 汗腺　　C. 毛发　　D. 角质层

（8）与皮肤调节体温有直接关系的结构是（　　）

A. 血管和汗腺　　B. 汗腺和皮脂腺

C. 汗腺和角质层　　D. 表皮和指甲

（9）人体出汗后会感到凉爽的主要原因是（　　）

A. 排泄尿素防止中毒　　B. 滋润皮肤防止干燥

C. 汗液蒸发散失热量　　D. 喝水过多及时排出

（10）皮肤的主要功能（　　）

A. 排出代谢废物　　B. 感受刺激

C. 保护　　D. 调节体温

巩固练习2：思考探究（先小组交流讨论，形成集体意见，再举手回答）

（1）为什么我们在夏天排出的汗液比冬天多?

（2）谈谈在日常生活中你对皮肤的卫生保健。

设计意图：通过完成一定量的习题，巩固和提高对知识的理解和运用能力。

6. 课堂小结。

（1）通过本节课的学习，谈谈自己的收获（结合知识、能力和情感态度价值观角度来说）。

（2）评出本节课的最佳学习小组。

设计意图：在前面学习的基础上，总结和建构本节课的知识体系和结构网络，启发引导学生用思维导图对所学的知识进行归纳和总结，再次强化学生对“皮肤与汗液分泌”的认识和理解。评选本节课最佳学习小组让学生感悟到团队力量和小组合作学习带来的收获与快乐。

7. 作业布置。

完成《南方新课堂金牌学案》第36页第7题，有兴趣的同学完成第8题（思维拓展）。①

八、教学反思

本节课贯穿自主学习、合作学习和探究学习的教学理念。先做后学的学习任务要求学生课前通过自主预习完成，用显微镜观察皮肤的永久切片这个活动比较简单直观，安排在课前和课后课间活动时间进行观察，让学生养成课前预习的学习习惯。为帮助学生突破重点、难点，课前精心制作了微课视频和PPT（图片）来辅助教学，激发了学生的学习兴趣和求知欲望。教

① 广东省教育研究院教研室．南方新课堂金牌学案七年级生物学下册（2012年版）［M］．广州：广东教育出版社，2018：36.

学中通过创设的生活情境问题和阅读小资料，启发和引导学生去观察、思考、比较、分析和探究，学生学会运用所学知识去解决实际问题，学会皮肤的卫生保健知识。采用小组合作和竞争的学习方式，激励学习小组发扬团队协作精神，提高了学生学习的主动性和积极性。教学中注重前后章节知识间的相互联系，在问题回答和讲练结合中关注到不同层次的学生，并通过层层递进的教学环节使学生在巩固所学的知识中实现概念的构建和理解，提升了学生的生物科学素养。

“人类进化历程及现代人种”教学设计

一、课程标准要求①

1. 重要概念：人类的遗传变异和环境因素的共同作用，导致了人类的进化。

2. 内容标准：概述人类进化的主要历程。

二、教学目标

1. 知识目标：（1）简述人类进化经历的四个阶段的主要特征（脑容量、主要行为、文化遗产）。（2）说出四个现代人种（肤色、鼻形、发色、眼色）。

2. 能力目标：（1）通过比较南方古猿、能人、直立人及智人进化阶段的特征，培养观察、比较和分析能力。（2）在小组交流和合作学习活动中，提高自主学习、合作学习及探究学习的能力。

3. 情感态度与价值观目标：通过比较人类进化经历的阶段，认识人类的进化是一个漫长的历程，也是不断与自然环境斗争和适应的过程，人类的智慧和劳动创造了今天的现代人种，

① 刘恩山，肖尧望，郑春和．生物学教师教学用书八年级下册（2017 年版）［M］．北京：北京师范大学出版社，2017：41—42.

形成人类进化的基本观点。

三、教学重点与难点

重点：（1）人类进化各阶段的主要特征。（2）形成人类进化的基本观点。

难点：人类进化各阶段的主要特征。

四、教学设计思路

教材分析：通过上节课的学习，学生已经知道森林古猿是现代类人猿和人类的共同祖先，现代类人猿和人类的分化是在不同的环境下，自然选择适应各自生活环境的结果。本节课的教材内容不仅说明人类进化的四个主要阶段的区别，更加注意到人类进化过程中各个阶段的相互联系，以进化各阶段的脑容量、行为特征、文化遗产为线索，延伸到对现代人种的划分。

设计思路：本节课按照“实施小组合作学习，提升课堂学习效率”的课堂教学模式进行教学，课堂教学设计包括七个教学环节，分别是你问我答、学习目标、先做后学、课堂展示、巩固提升、课堂小结、作业布置。通过你问我答复习类人猿与人类有极为相似的特征，直立行走是人类祖先与猿分界的重要标志，森林古猿是现代类人猿和人类的共同祖先。从而引入人类进化的历程。对本节课教学：第一步是出示本节课的学习目标，让学生知道本节课需要学习什么知识，学会和掌握哪些技能，同时学习认识人类在进化过程中具备的情感及态度。第二步是先做后学，通过让学生阅读课文并完成一定的习题来了解和熟悉教材内容（人类进化分为南方古猿、能人、直立人、智人等阶段及现代人可划分四个人种）。第三步是课堂展示学习环节，安排播放南方古猿、能人、直立人及智人教学视频，在观看视频中，结合教材内容的知识介绍，思考并回答老师设置的相关问题，让学生在直观和感性视听中比较和认识南方古猿、能人、直立人及智人生活条件和行为特征，由于人类的迁移与特定的气候相适应，形成了四个现代人种。并总结和归纳人类进化历程中各个阶段的特点，形成人类进化的基本观点。第四步是巩固提升练习环节，通过课本的思考与练习和课堂配套练习册《南方新课堂金牌学案》的习题对所学知识进行分析和运用，帮助学生理解和巩固所学知识点，提高学生分析问题、解决问题及答题能力。第五步是课堂小结，通过本节课的学习，结合知识目标、能力目标和情感态度及价值观目标，让学生谈本节课的学习收获，使学生进一步明确本节课的知识内容和学习目标。感悟人类的进化是一个漫长的历程，也是不断与自然环境斗争和适应的过程，人类的智慧和劳动创造了今天的现代人种，成为主宰地球的主人。最后环节是作业布置，通过完成适量的作业，让学生复习和巩固当天所学知识内容，并预习下节课的知识内容，养成良好的学习习惯。

课堂教学采用小组合作模式，通过学习竞争，最后评选最佳学习小组，激发和调动学生自主学习、合作学习、探究学习的主动性和积极性。

五、教学准备

1. 制作课件 PPT。
2. 制作南方古猿、能人、直立人及智人相关视频。
3. 课堂练习习题：《南方新课堂金牌学案》。
4. 班级分十二个学习小组（四人一组），设组长一人。

六、教学过程

（一）你问我答

1. 第7小组提问，第1小组回答。

2. 第8小组提问，第9小组回答。

3. 第3小组提问，第2小组回答。

学习方式：涉及小组成员可相互协作，完成相关的学习活动。其他小组倾听和评价。

（二）学习目标

1. 知识目标：（1）简述人类进化四个阶段的主要特征。（脑容量、行为特点）。（2）说出四个现代人种。

2. 能力目标：（1）通过比较南方古猿、能人、直立人及智人进化阶段的特征，培养观察、比较和分析能力。（2）在小组交流和合作学习活动中，提高自主学习、合作学习及探究学习等能力。

3. 情感及价值观目标：通过比较人类进化经历的阶段，认识到人类的进化是一个漫长的历程，也是不断与自然环境斗争和适应的过程，人类的智慧和劳动创造了今天的现代人种，形成人类进化的基本观点。

学习方式：学习目标是本节课的学习内容和学习要求，通过专心聆听老师讲解和分析，知道本节课要学习和掌握的知识、能力、情感态度及价值观目标要求。

（三）先做后学

阅读课本第24至26页相关知识内容，完成以下习题。

1. 通过对大量原始人类化石的考证、研究，人们认为人类的进化过程可分为__________________、__________________、

________________ 和 ________________ 四个阶段。最早两足直立行走的是________________；能制造和使用简单工具的是________________；会用火和使用更先进的复杂工具的是______________；唯一现存的人种是______________。

（参考答案：南方古猿、能人、直立人、智人、南方古猿、能人、直立人、智人）

2. 人类经过迁徙，分布在不同地区，与当地气候相适应。根据肤色和鼻形等特征，将现代人划分为四个人种：__________、____________、____________ 和 __________。

（参考答案：高加索人、尼格罗人、蒙古利亚人、澳大利亚人）

学习方式：学生阅读课文相关内容，用笔圈出学习目标的知识点内容，然后先单独完成习题内容，小组进行讨论，组长再进行指导、督促和检查。

（四）课堂展示

学习方式：学生通过观看视频和聆听视频解说，结合课本的知识内容介绍，思考回答相关问题，学生答题时，该小组成员可以进行补充，其他小组成员认真倾听和评价。

活动一，视频导航：播放课前录制的人类进化历程的视频，在观看和聆听视频解说中，说出南方古猿、能人、直立人和智人的主要特征及现代人种形成的过程。

（1）播放第一段南方古猿视频：由学生总结回答南方古猿的主要特征：大约 400 万年至 100 万年前，直立行走，能使用一些简单的天然工具，脑容量约 500 毫升。

（2）播放第二段能人视频：学生总结回答能人的主要特征：大约 200 万年至 175 万年前，能制造和使用简单工具，脑容量约 700 毫升。

（3）播放第三段直立人视频：学生总结回答直立人的主要特征：约 180 万年至 20 万年前，能用火和使用更先进工具，脑容量约 1000 毫升。（文化遗产：元谋人、蓝田人、北京猿人）

（4）播放第四段早期智人视频：学生总结回答早期智人的主要特征：约 25 万年至 5 万年前，脑容量约为 1400 毫升，遗物有骨器。（文化遗产：金牛山人、丁村人）

（5）播放第五段晚期智人视频：学生总结回答晚期智人的主要特征：约 4 万年至 1 万年前，脑容量接近现代人，工具种类有 100 多种，骨器有很大发展，包括矛、投枪、鱼叉、鱼钩以及有眼的针（用于狩猎、捕鱼、缝衣），创造出雕刻、绘画以及装饰品等原始艺术。（文化遗产：柳江人、资阳人、山顶洞人）

（6）播放第六段现代人种形成视频：学生总结回答现代人种形成的过程。由于自然环境的变化导致人类的迁移，为适应自然条件和气候环境，他们的肤色、发色、鼻形、眼色等出现不同，形成四个现代人种。

设计意图：感官认知南方古猿、能人、直立人和智人的生活条件和主要特征及现代人种形成的过程，在情感、情绪上认同人类的进化是不断与自然环境斗争和适应的过程。

活动二，问题引导：①说出人类进化的 4 个主要阶段是什么？（南方古猿、能人、直立人、智人）②说出现代人划分为哪 4 个人种？［蒙古利亚人（黄种人）、高加索人（白种人）、尼格罗人（黑种人）、澳大利亚人（棕种人）］

设计意图：此问题的设计主要针对中下层学生来回答，让此类学生感受到学有所获，加深对本节课的知识目标的认知。

活动三，思考探究：人类在进化和发展过程中，形态、行为等方面的演化趋势是怎样的？

（1）图中，人类在起源和发展过程中在体形、使用工具和是否穿衣三个方面逐渐发生变化：从半直立行走到_________；从不会使用工具到使用___________，再到_____________，直到制造并利用包括电脑在内的各种________________；从赤身裸体到懂得御寒、遮羞，以致今天着装的美化作用，无不体现了人类的进化和发展。

（2）从图中可看出，在古猿向人类进化的过程中，第一步最重要的变化是_________________。

（3）为了在地面上捕猎到足够食物，古人类开始__________________，大大提高了捕猎效率。这一点也使得人与动物有了本质的区别。人类使用的工具越来越复杂，其重要原因是工具的使用推动了________________的发展，提高了人们制造、使用工具的能力。

参考答案：

（1）直立行走、天然工具、制造和使用简单工具、复杂的现代工具

（2）两足直立行走

（3）使用并制造工具、大脑

设计意图：以教学目标为导向、问题为手段、小组合作交流为平台，提高学生比较、分析、理解、推理等能力。

（五）巩固提升

课本第 26 至 27 页思考与练习第 4、5、6 题。

4. 我国北京周口店发现的“北京猿人”和“山顶洞人”分别属于（　　）

A. 南方古猿和能人　　B. 直立人和智人

C. 能人和直立人　　D. 智人和能人

5. 在人类的进化过程中，下列最先发展的是（　　）

A. 使用工具　　B. 两足行走

C. 大脑发达　　D. 使用语言

6. 有原始人捕食毛象的说法，但从未听说过原始人捕食恐龙，原因是（　　）

A. 恐龙个体太大又凶猛，原始人对它避而远之

B. 恐龙的皮太厚，原始人缺乏有效的武器对付它

C. 原始人以果实为食，对恐龙不感兴趣

D. 原始人生存的年代，恐龙早以灭绝

（参考答案：4. B、5. B、6. D）

《南方新课堂金牌学案》第 10 页能力展示第 4、5、6、7 题。

4. 我国北京周口店发现的“北京猿人”和“山顶洞人”分别属于（　　）

A. 南方古猿和能人　　B. 直立人和智人

C. 能人和直立人　　D. 智人和能人

5. 能够用火是人类与动物的一个重要差别，使用火对人类进化的重要意义是（　　）

A. 用火来驱赶猛兽　B. 用火来攻击敌人

C. 用火来御寒　　D. 用火来烧烤食物，改善了人的营养

6. 下列动物中，与人类亲缘关系最近的是（　　）

A. 猴子　　　　B. 大象

C. 阿拉伯狒狒　　　　D. 黑猩猩

7. 人类进化发展的大致历程是（　　）

A. 南方古猿→能人→直立人→智人

B. 南方古猿→直立人→能人→智人

C. 南方古猿→能人→智人→直立人

D. 南方古猿→直立人→智人→能人

（参考答案：4. B、5. D、6. D、7. A）

学习方式：学生先个人完成习题，组长负责检查小组成员的完成情况，再组织小组成员讨论有争议的问题。老师通过小组的答题情况对学习小组进行评价。

（六）课堂小结

1. 通过本节课的学习，谈谈自己的收获（结合知识、能力和情感态度及价值观目标角度来说）。

2. 评出本节课的最佳学习小组。

学习方式：老师指定学习小组回答，由小组代表发言，该小组其他成员可以进行补充。其他小组成员倾听和评价。

（七）作业布置

完成《南方新课堂金牌学案》第 11 页思维拓展第 9 题。[①]

学习方式：作业由小组组长督促小组成员完成并进行检查，检查完签上日期交科代表，由科代表收齐交老师批改。

① 广东省教育研究院教研室. 南方新课堂金牌学案八年级生物学下册（2012 年版）［M］. 广州：广东教育出版社，2019：11.

七、板书设计

1. 人类进化历程（森林古猿）

	脑容量	行为特征
南方古猿：	500ml	两足行走，使用简单工具
能人：	700ml	制造和使用工具
直立人：	1000ml	用火和使用先进工具
智人：	1400ml	狩猎、捕鱼、修筑房屋、艺术（雕刻、绘画等）

2. 现代人种（肤色、鼻子等）

- 蒙古利亚人（黄种人）
- 高加索人（白种人）
- 尼格罗人（黑种人）
- 澳大利亚人（棕种人）

八、教学反思

本节课是人类的起源与进化第 2 课时的学习内容。要求学生掌握人类进化的历程，知道人类进化在四个阶段（南方古猿、能人、直立人、智人）中的不同特征，了解人种的知识，认同人类的遗传变异和环境因素的共同作用导致了人类进化的观点。通过前两节课的学习，学生认识掌握了达尔文生物进化论观点，由于自然环境的变化，迫使一些森林古猿转向地面生活，最终进化为人类的最早祖先，知道直立行走是人类祖先与猿分界的重要标志。本节课以《南方新课堂金牌学案》的习题为导学，结合课文的知识内容介绍，精讲多练，以练促学。通过视频、PPT 辅助教学，增强了学生的感性知识，提高了学生观察、比较、认知和推断能力，形成人类进化的基本观点。采用“实施小组合作学习，提升课堂学习效率”的课堂教学模式，促使全体学生主动参与学习过程。以学习小组为单位，通过学习活动竞争，最后评选最佳学习小组，激发和调动学生自主学习、合作学习、探究学习的主动性和积极性，提高了学生的学习能力。本节课学生做到了课前预习、课堂主动积极参与、课后认真完成作业，培养了学生良好的学习习惯。

“解剖观察鸡翅”教学设计

珠海市三灶中学　李诗娴

一、教材分析

解剖观察鸡翅选自北师大版七年级《生物学》上册第二单元第4章第2节生物体的器官、系统的内容。本节内容包括器官、系统两个重要概念。解剖观察鸡翅是学生在学习了细胞分化形成组织的基础上，进一步学习组织如何构成器官，同时为学习器官构成系统打下基础，起了承上启下、知识铺垫的作用。鸡翅可看作是鸡的飞行器官。通过解剖观察鸡翅，分析得出不同的组织是如何构成器官的，并由此得出器官的概念。

二、学情分析

在前面的学习中，学生已从微观层次上认识了生物体的基本单位——细胞，以及细胞通过分裂增加细胞数量，通过分化形成不同的组织。本节课学生将通过解剖鸡翅，从宏观层次上学习器官的概念，从而了解多细胞生物的器官这一结构。但七年级学生的实验操作能力差，所以解剖观察对于他们来说，仍是本节课的教学难点。根据生活经验和常识，学生大多知道人体的初步构成，但不会用器官、系统等术语来表达而且缺乏整体性。

三、教学目标

（一）知识与技能

解剖并识别鸡翅中的主要组织，认识组织如何构成器官。

（二）过程与方法

通过解剖实验，初步学习生物解剖实验的操作与实验技能，提高实验操作能力。

（三）情感态度价值观

通过小组合作分工探究，形成实事求是的科学态度，同时也培养团结协作的精神。

四、教学重点难点

（一）教学重点

认识组织如何构成器官。

（二）教学难点

组织学生进行解剖观察实验。

五、教学方法

根据七年级学生的实际情况，采取以学生为主的“分组实验”合作探究方式。根据学校的条件，采用多媒体、平板电脑辅助教学。

六、教学准备

多媒体教学课件、平板电脑、鸡翅、解剖刀、解剖剪、解剖针、镊子、解剖盘等。

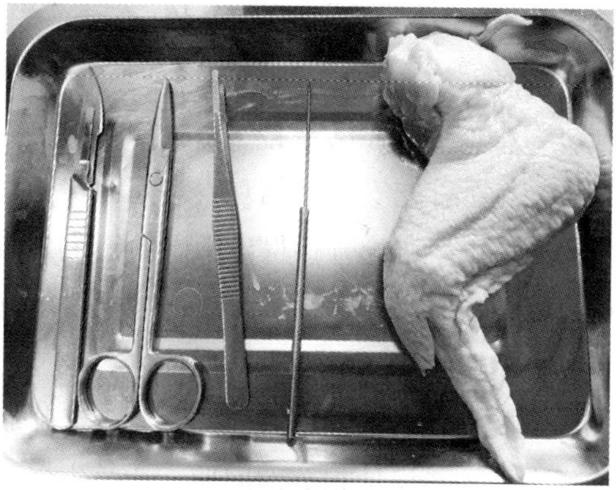

七、课程的教学理念与设计理念

初中生物是一门实验性的科学学科，观察与实验是学习生物课程的基础方式，对于学生把握生物课程知识内容，培养学生自身动手能力与创新能力有着关键作用。课程标准“倡导探究性学习”，探究即探索，它不仅指类似于科学家的科学探究活动，还应包括从事实到形成概念的认知过程。[①] 学生通过解剖观察鸡翅，分析得出不同的组织是如何构成器官的，并由此得出器官的概念。通过小组讨论分析得出鸡翅最主要的组织，从而形成结构和功能相适应的观念。课堂围绕“提出问题—作出假设—实验验证—讨论分析—得出结论”这一探究主线实施。新课改提倡实验课要以教师为主导，学生为主体，因此本节实验课为了确保学生的主体地位，以小组为单位进行实验操作。

① 刘恩山．北师大版义务教育教科书七年级（上）生物教学用书［M］．北京：北京师范大学出版社，2015：4—5.

八、教学思路

解剖观察鸡翅是生物体的器官、系统的活动内容，是本节的教学重点、难点，首先安排解剖观察鸡翅的实验，是为了让学生通过实验以及小组讨论分析得出不同的组织是如何构成器官的，并构建器官的概念。通过小组讨论分析得出鸡翅最主要组织，从而形成结构和功能相适应的观点。本着“倡导探究性学习”与培养生物学核心素养的课程理念，把老师的演示实验改成小组操作实验，并设计相关的问题，让学生多动脑、多思考，通过实验去讨论、分析、归纳出结果，可以有效地培养学生的生物素养以及实事求是的科学精神。[①]

九、教学过程

（一）复习导入

教师提出问题：通过前一节课的学习，我们知道细胞通过分裂、分化形成组织。那么人和动物的受精卵经过细胞分裂、分化，形成了哪几种组织？（多媒体放映四种组织的图片）

学生根据前面所学的内容回答四张组织图片分别是上皮组织、肌肉组织、神经组织、结缔组织。

【设计意图】通过问答形式对上一节课的内容进行复习，既巩固了旧知识，也为新课的学习做了准备。

（二）新课讲授

教师讲解实验的目的要求、材料器具、方法步骤和注意事

① 李攀学．浅谈初中《生物》实验教学理念的转变［J］．教学论坛，2012（17）．

项，指导学生按步骤进行解剖、观察，认识鸡翅的组织组成。并播放解剖观察鸡翅的方法步骤视频。

【设计意图】该实验是初中学生的第一个解剖实验，实验前教师需要介绍实验的细节和注意事项，有利于实验的成功，也可以避免学生在操作过程中受伤。视频的播放，吸引了学生的注意力，也对学生的实验操作起到了指引的作用。

（三）活动：解剖观察鸡翅

1. 小组分工合作。

教师对学生进行分组，每 4 人为一个小组，各组选出实验操作员 2 人、观察员 1 人、记录员 1 人。

【设计意图】形成有序的分工，在这样分工的基础上实验操作有序地进行。让学生在课堂中做学习的主人。

2. 观察鸡翅的结构。

学生将一个完整的鸡翅置于解剖盘中，根据教师提供的观察方法步骤进行观察，并将找到的结构放在结构框架图相对应的位置上。解剖完毕后对思考讨论的三道问题进行讨论，并把讨论结果写在纸上。

【观察指南】——解剖观察鸡翅的结构

1. 将鸡翅放在解剖盘中，小心剪开、剥去鸡翅上的皮肤，吸去多余的水分。

2. 找出脂肪、肌肉。脂肪通常呈小块状，附在皮肤下面，呈微黄色。小心地将肌肉束分开，肌肉是附着在骨骼上呈粉红色的束状结构。

3. 找出肌腱和韧带。肌腱是白色的、有韧性的组织，将肌肉与骨骼连在一起。韧带是白色的、有韧性的组织，将相邻的骨骼连起来。

4. 找出神经和血管。神经是白色的，直径与细铅笔芯差不多；血管是血液流动的通道，一般呈红色。

5. 将找到的结构放在以下结构框架图相对应的位置上。

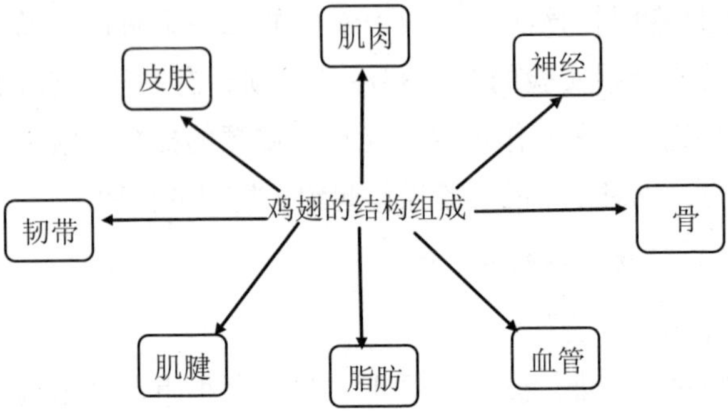

6. 思考并讨论问题：

①构成鸡翅的组织主要有哪几种？哪一种组织分布最广？鸡翅中的主要组织是哪一种？

②不同的组织在鸡翅上排列的顺序有什么特点？

③鸡翅的主要功能是什么？

【设计意图】小组成员根据方法步骤开展合作探究实验活动，教师在各组巡回指导，及时发现问题，及时反馈小组完成情况。学生在解剖观察的过程中，体验到成功的喜悦。本实验设计能充分发挥学生的课堂学习主动性。

7. 实验成果汇报。

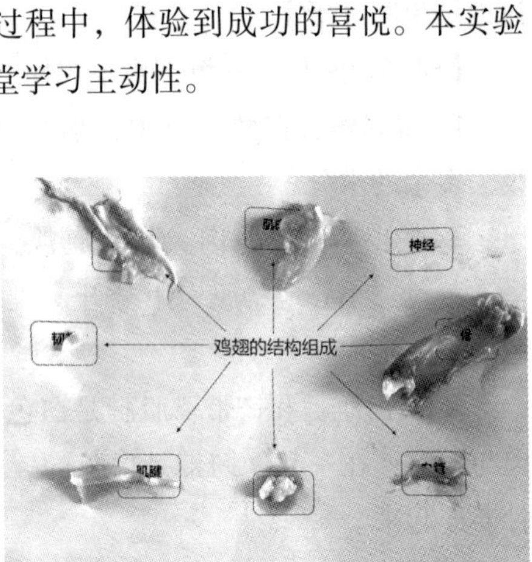

将每个小组找到的结构用平板电脑拍照，直接呈现在电脑屏幕上，教师和其他小组的成员进行评价以及打分。随后教师提问学生，解决思考并讨论的三道问题。

【设计意图】将各小组的结果呈现在屏幕上，大家一起来评分，达到了公平、有效的评价效果。根据实验结果思考相关问题，培养学生的归纳总结能力，以及小组合作能力和语言表达能力。

（四）归纳总结

师生共同总结：（1）通过解剖观察，可以发现鸡翅的结构主要由上皮组织、结缔组织、肌肉组织、神经组织构成。因此鸡翅属于器官。（2）器官：由不同组织按照一定的顺序聚集在一起，共同完成一定的功能就构成了器官。

【设计意图】师生共同总结，有利于帮助学生构建器官的概念，与之前所学的关于细胞分裂、分化以及组织等相关概念联系起来。

从活动中体会到了生物学的魅力，感受到了生物的奥妙，也领会到了在实验探究过程中需要小组团结与合作、倾听与质疑、做好自己又关注他人。

十、教学反思

课程标准“倡导探究性学习”，这也是本节教学设计的主旨思路。学生以四人小组开展解剖观察鸡翅的实验活动，基本上完成了预设的教学目标。整个活动过程，每个学生积极参与其中，充分体现了课程标准的“面向全体学生”。通过解剖观察以及讨论分析问题，建立起器官的概念，并形成结构与功能相适应的生物科学观点。

本节课采取以学生为主的“分组实验”合作探究方式，有效地发挥了学生的主动性，初步学习了生物解剖实验的操作与实验技能，提高了实验操作能力。通过讨论分析问题，培养了学生的归纳总结能力，以及小组合作能力和语言表达能力。

上完这节活动课后，也发现还有很多需要进一步改进的地方。比如教师的语言可以更加精练，让语言更加具有吸引力。

每一个教学环节都需要教师用心设计，用创设的精彩的教学情境引领学生，让他们学会自主学习，主动投入到活动课堂学习中来，在学习中产生乐趣和兴趣，教师为了这一目标需要不懈努力。

“泌尿系统的组成”教学设计

珠海市湾仔中学　邱建萍

一、教材分析

泌尿系统的组成是北师大版七年级《生物学》下册第四单元第 11 章尿的形成与排出第 1 课时的内容。泌尿系统的组成是学习本节尿的形成与排出的基础内容，在上一节课人体产生的代谢废物检测过的尿液的成分和下一节课尿液在肾单位中形成中间起了承上启下、知识铺垫的作用。本节主要内容是肾脏是泌尿系统重要器官，知识点包括：（1）泌尿系统的组成；（2）活动：观察肾脏；（3）肾单位的结构。

二、学情分析

七年级学生对生物学科非常感兴趣、求知欲望强烈，经过接近一年的生物课程学习，对消化系统、循环系统、呼吸系统等人体生理知识有了基本的认识，具有一定的识图能力，对肾脏、膀胱等器官在生活中已获得了一些感性的认识，且掌握了一定的解剖、观察、分析的操作基础。但七年级学生的抽象思维能力、理解能力较薄弱，肾脏的各结构组成和作用及肾单位的各部分结构特点和彼此间的关系微观、抽象，是学生学习本节课的重点和难点。本节课将通过猪肾脏的解剖观察和肾单位模型的组装，帮助他们从外部形态到内部结构，从宏观到微观一步步地了解尿液形成的结构基础。

三、教学策略

在2017年生物课程标准中提出的生物学科核心素养①的概念，其中说到生物学科核心素养是生物科学最本质、最核心的部分，是学科特征的灵魂体现，是能满足学生终身发展所必须的生命观念、思维和方法。它包括生命观念、社会责任、理性思维和科学探究四个素养。结合初中学生特点，如何在日常课堂教学中融入生物学科核心素养成为了教师备课的主线和教学理念。

尿液如何形成，形成尿液的器官有什么特点，是本节课要解决的问题。为更好地贯彻和落实“生物学科核心素养”② 的要求，利用学生平日比较少接触的猪膀胱和猪肾脏等新鲜实物材料，构建以学生为主的“分组实验”合作探究方式，并借助自制模型让学生在课堂教学中积极参与、大胆发言，给予学生足够的活动时间和展示机会，在活动中亲身体验和成长。

四、教学目标

（一）知识与技能

说出人体泌尿系统的组成及各器官的功能（科学探究）。

① 徐勇．生物学科核心素养培育探析［J］．中学教学参考，2016（20）：115.

② 蒋桂林．基于高中生核心素养培养的生物学科素养的思考［J］．中学生物学，2015（10）：31.

（二）过程与方法

通过解剖观察、重组自制模型（理性思维）等方法，培养小组合作分析问题、解决问题的能力。

（三）情感态度价值观

通过对泌尿系统结构的学习，树立结构与功能相适应（生命观念）的生物学观点，养成良好的泌尿系统卫生习惯（社会责任）。

五、教学重点

解剖、观察猪肾脏的结构。

六、教学难点

肾单位的结构与尿液形成的关系。

七、教学过程

（一）教学准备

新鲜的猪腰、猪膀胱、解剖盘、镊子、纸巾、便笺纸、肾单位模型、工具箱、一次性手套、大头针、泡沫块、水、橡皮筋、“畅言智慧课堂”平板电脑。

（二）导入部分

利用实物——未注水的猪膀胱和注水后的猪膀胱作对比。

【设计意图】学生观看猪膀胱注水的微课视频，对比猪膀胱注水前后的变化，学生用手直接触摸注水的猪膀胱，对膀胱的结构有更直观、更立体的认识，有效地引发学生的思考，引出膀胱的作用是贮存尿液，提出问题“尿液是怎样形成的”，从而引出课题。

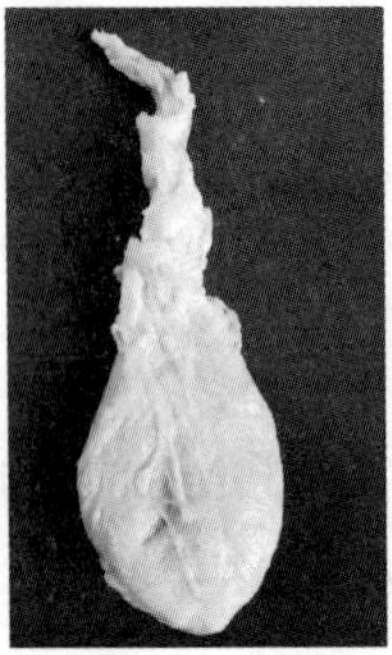

未注水的猪膀胱　　注水后的猪膀胱

（三）新课部分

1. 肾脏是泌尿系统重要器官。

（1）小组合作分工。

教师对学生进行分组实验指导，各组选出实验操作员、观察员、记录员和发言人。

【设计意图】形成有序的分工，接下来所有的实验操作都在这样分工的基础上进行。让学生在课堂中做学习的主人，在实验的过程中体现自己的价值，落实“社会责任”的核心素养要求。

（2）观察猪肾脏的外部形态。

学生四人一组，将一个侧面剖开的完整猪肾置于解剖盘中，根据教师提供的观察提纲进行观察，并将结果记录下来。

【观察指南】——观察猪肾脏的外部形态：

①外形：像________，内侧有个凹陷叫作__________。

②辨颜色：______色，原因是其内含有丰富的________。

③闻气味：__________味，原因是________________。

④摸表面：感觉______________。

⑤捏质感：质感__________________________。

⑥肾脏连接有三条管道，各是什么？

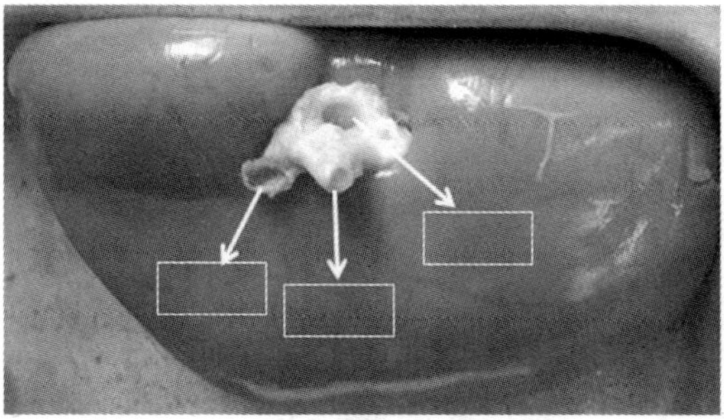

【设计意图】小组成员结合教材内容、生活实际和观察指南开展合作探究实验活动，教师各组巡回指导，及时发现问题，及时反馈小组完成情况。

（3）实验成果汇报。

某一个小组进行“观察猪肾脏的外部形态”的成果汇报，其他小组成员倾听、思考、纠正。教师对小组进行小组分数加减的评价。

【设计意图】检查各小组对该部分内容的完成情况，掌握学生的观察、认知情况，及时纠正错误的地方，以便更好地开展进一步实验。通过发言汇报，提高学生的自信心及语言表达能力，落实“科学探究”的核心素养要求。

（4）观察猪肾脏的内部结构。

学生打开侧面剖开的猪肾脏，对照课本，观察内部结构，并用大头针及小纸条插在猪肾脏上相应位置作标注。教师运用“畅言智慧课堂”平板，将各小组的实验成果投影在屏幕上，进行点评加分。

【观察指南】——观察猪肾脏的内部结构：

①阅读课本第 61 页，打开已经剖好的猪肾脏，观察其内部结构。

②在小纸条上写出各结构名称：皮质、髓质、肾盂。

③用大头针把写有结构的小纸条插在猪肾脏上相应位置。

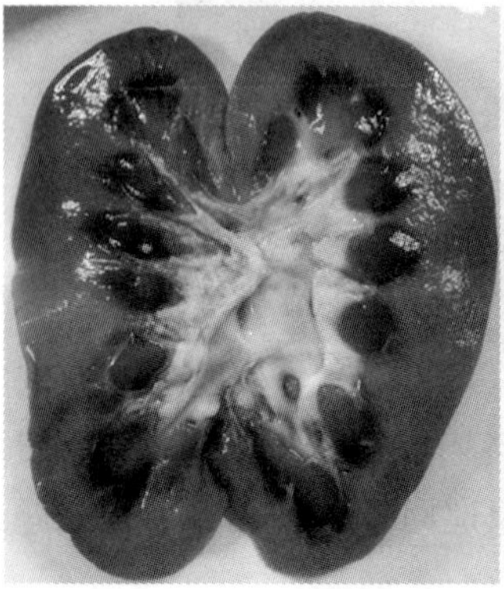

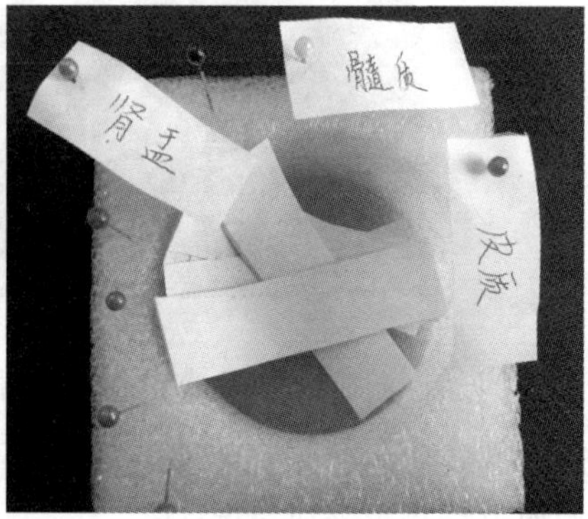

【设计意图】此部分内容学生平时缺少感性认识，通过实物观察，增加学生直观的认识，将本节难点有效突破。鼓励学生提出问题，激发他们的探究能力和质疑精神，落实核心素养中“理性思维”“科学探究”的要求，体现以学生为主体，教师引导、指导的作用。①

（5）知识拓展。

提问问题：在日常生活中，主要吃猪肾脏的哪些部位？

【设计意图】联系实际生活，理论回归实际，分析并教会学生在实际生活中煮猪腰前要注意的事项，落实“生命观念”的核心素养要求。

2. 肾单位的结构。

（1）从宏观到微观，走入肾单位的世界。

借助图片，从宏观的肾脏结构图到显微镜下的肾脏结构图，

① 王波．基于学生理性思维培养的生物学教学——以《基因在染色体上（第1课时）》为例［J］．中国现代教育装备，2017（2）：36—38.

帮助学生初步形成对肾单位的结构认识。

【设计意图】通过图片的讲解，使学生初步认识肾单位，为接下来的模型组装做好衔接。

（2）自制模型组装，构建肾单位的概念。

学生根据对肾单位的结构理解及教材中肾单位的结构模式图进行模型组装，尝试说出各模型结构对应的肾单位结构名称，并将小纸条粘贴到各对应结构。

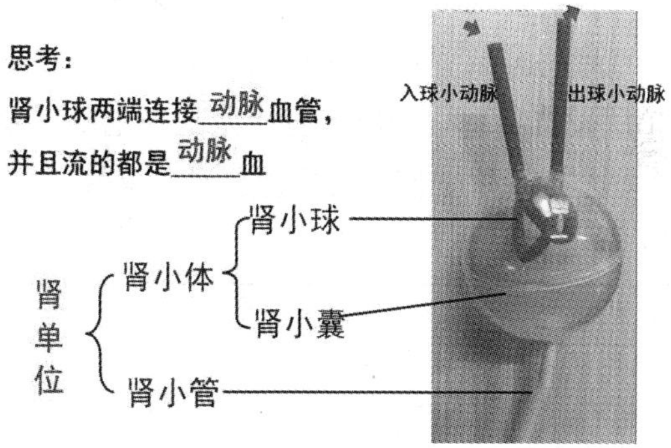

【设计意图】肾单位的知识非常抽象，需要借助模型帮助学生构建概念，理解肾单位各结构名称及功能。学生在组装肾单位模型的过程中，不断地尝试、质疑、再尝试，最终体验到成功的喜悦，将“实践创新”的核心素养体现在课堂中。

（四）拓展部分

提出“世界肾脏日”，学生说出在日常生活中应该怎样爱护自己的肾脏。

【设计意图】呼吁学生爱护肾脏，学会保护肾脏的方法，注意日常的泌尿系统卫生，健康生活。

（五）小结部分

师生共同总结，本节课学习了泌尿系统的组成、解剖观察猪肾脏的结构、模型组装肾单位等，围绕以上内容进行了充分的体验。从活动中体会到了生物学的魅力，也领会到了在实验探究过程中需要小组团结与合作、倾听与质疑、做好自己又关注他人。

八、教学评价

以小组为单位，将学生分成十二组，每组四名学生，对十二组学生的发言、活动探究过程、活动成果展示三个项目进行加分评价，教师将分数直接呈现在黑板上，利用“畅言智慧课堂”平板拍照，将学生活动成果直接呈现在电脑屏幕上，直观地对比每个小组的成果，使评价更加公平、有效。

组别	小组发言	活动探究	活动成果展示	总分
1				
2				
3				
4				
5				
6				
7				
8				
9				
10				
11				
12				

九、教学反思

泌尿系统的组成这节课是七年级的实验探究课，针对湾仔中学学生的实验基础薄弱的特点，在上这节课之前，我已做了许多铺垫，从七年级上学期开始，每节课几乎为学生设计符合实际、简单易操作的小组合作实验活动，通过长时间的训练，有了一定的生物操作基础，才让他们在七年级下学期能顺利地进入这一节课的学习。

本节课的设计，以学生为学习的主体，教师贯穿整节课指导，每一个环节的设计都为了让学生更好地参与到生物实验探究活动中来，使学生建立科学的探究素养。总结本节课的教学设计，有以下特点：第一，实体解剖与观察。针对初中生见识面窄、抽象思维能力薄弱，实物的解剖与观察有助于突破学生对肾脏结构认识的重点。在课程的后半部分，教师运用模型帮助学生进一步明确肾单位的概念，有效突破本节课的难点。第二，理论联系实际。七年级的孩子大部分的时间用于学习上，对自己和生活中的现象有时候容易忽略，通过用注水的猪膀胱、猪肾脏等实物，联系生活中的现象，有助于他们更好地健康生活。第三，由浅入深，循序渐进。学生观察的顺序由外部形态到内部结构，由宏观到微观，符合学生的认知规律。

上完整节课后也发现还有许多需要进一步改进的地方。教师的语言可以更加精练，让语言更加具有吸引力。对粤教云信息技术的运用可以再精益求精，让学生的学习情绪再兴奋一些，从而达到“在学习中游戏，在游戏中学习”的状态。

“探究种子萌发的环境条件”教学设计

珠海市小林中学　杨继勇

一、教材分析

探究种子萌发的环境条件是北师大版初中生物教材七年级上册第6章第1节种子萌发形成幼苗中的一个探究活动。这是一节能够很好地引导学生独立思考和独立设计的实验课，通过探究结果，可以帮助学生理解种子萌发需要适量的水分、适宜的温度和充足的空气，缺少其中的任何一种外界条件种子都不能萌发。

二、学情分析

七年级的学生对生物学科非常感兴趣，根据生活经验，他们对种子的内在结构有一定的了解，但对种子萌发的外部条件认识不够全面；在“光照对鼠妇生活的影响”实验中，学生对“对照实验”有一定的认识基础，但是七年级学生的分析、设计实验能力仍然还比较薄弱；学生处于心智发展期，具有极高的好奇心和求知探索欲。

三、教学目标与重难点

（一）知识与技能

说出种子萌发的环境条件。

（二）过程与方法

通过设计对照实验和分析实验现象，培养分析问题、解决问题的探究能力。

（三）情感态度价值观

通过小组合作完成探究实验，培养学生的合作意识和团队精神，形成实事求是和严谨的科学态度。

四、教学重点

种子萌发的环境条件。

五、教学难点

在“种子萌发的环境条件”的探究活动中，对照实验的设计和实验现象的分析。

六、教学策略与思路

教学策略：作为一节探究性实验课，构建以学生为主的“分组实验”合作探究模式，采用“引导＋探究”的教学方法，结合讲授法、归纳法、讨论法、启发式教学法，给予学生足够的活动时间和展示机会，创造出富有趣味性、挑战性和创造性的教学情境。

教学思路：以“探究之路”为名，引导学生通过小组合作探究的方式，亲身体验科学探究的七个完整的过程：发现并提出问题→收集与问题相关的信息→作出假设→设计实验方案→实施实验并记录→分析实验现象→得出结论。然后通过小组汇报温度、水分、空气、阳光、土壤五个条件对种子萌发影响的实验结果，分析发现种子的萌发并不一定需要阳光、土壤，同时确立适宜的温度、一定的水分、充足的空气是种子萌发的基本条件，从而达成教学目标。

七、教学过程

（一）引入（提出问题）

播放视频《植物生命脉动》，在充满活力的视频内容中直接抛给学生一个问题。提出问题：种子萌发需要怎样的环境条件？

【设计意图】通过播放视频创设情境，能以最短的时间吸引学生的注意力，调动学生的积极性，适时提出的问题可以激发学生的问题意识，激活学生探究的原动力。

（二）作出假设

学生以小组为单位，根据他们的生活经验针对老师提出的问题大胆猜测，并完成表1。

表1　推测种子萌发需要的条件

（在认为需要的空格里打√，不需要的打×）

萌发条件	水分	温度	空气	阳光	土壤	其他
绿豆种子						

【设计意图】鼓励学生留心生活细节并大胆推测，把学生探究的欲望推向顶峰。在此环节学生或许会有很多不同的假设，

教师在课堂上重点引导学生探究温度、水分、空气三个条件对种子萌发的影响。

（三）设计实验方案

各个小组针对上一环节作出的假设，每个小组选择一个环境因素，并设计实验方案探究该因素对种子萌发的影响。各个小组讨论探究方案，各抒己见，相互补充，教师在各个小组间进行巡视，如有求助简单点拨，特别注意实验方案的设计是否合理（对照实验的有无，以及对照实验是否正确）。填写表2。

表2　设计实验方案

组别	实验组	对照组
种子	数量________颗	数量________颗
水分	含量________	含量________
温度	________℃	________℃
空气	________（充足/不足）	________（充足/不足）
阳光	________（有/无）	________（有/无）
土壤	________（有/无）	________（有/无）

（温馨提示：室温大约28℃；冰箱冷藏室为4℃；冷冻室为－18℃）

完成表格的填写后，小组派代表展示自己的实验方案，此过程教师可以提问，特别引导学生关注如何具体实现自变量的设置。

【设计意图】由于在上本课前学生缺乏自行设计对照实验的经验，因此如果不加以引导，学生很难独立地顺利完成实验设计。为了适应学生现有的学习水平，在实验设计环节，让学生在提供的实验对照表的基础上，以填空的形式，来完成实验的设计。这样大部分同学能够顺利完成，基础稍差的同学在小组讨论中，通过同学的启发，也能较好地完成。

（四）实施计划

各小组按照本组指定的计划实施，注意重复实验，并做好跟踪记录。由于种子的萌发需要一定的时间，无法在课堂上直接展示结果，通过“探究日记”的方式，让学生每天记录结果并拍好照片，最后写成图文并茂的探究日记。

【设计意图】锻炼学生分工合作的精神，提高学生动手探究的能力。

（五）小组分享交流，得出结论（第二课时完成此任务）

小组派代表通过文字图片等方式，上台展示实验结果，此过程其他小组可以提出问题，相互交流，教师从旁引导、归纳。

【设计意图】锻炼学生分析实验的能力，体验分享实验结果的乐趣。

（六）指导学生反思评价

本节实验课以小组合作为基础，并且是侧重于训练设置对照实验，所以评价方式的设计以过程性评价为主，终结性评价为辅，综合学生的参与态度、合作情况、实验设计的科学性以及实验效果四个方面，小组成员以及教师在实验过程中针对他们的表现给予及时的评价，最后对实验效果给予终结性评价。

表 3　小组合作评价表

项目 评价	参与态度	合作情况	实验设计科学性	实验效果
	满分（5）	满分（5）	满分（5）	满分（5）
小组评价（60%）				
教师评价（40%）				
总体评价				

八、教学反思

本节课是一节探究性实验课，针对教材分析和学生分析，本节课采用了以学生为主的“分组实验”合作探究模式，运用“引导＋探究”的教学方法，给予学生足够的活动时间和展示机会，创造出富有趣味性、挑战性和创造性的教学情境。在教学过程中，导入部分通过播放视频创设情境，能以最短的时间吸引学生的注意力，调动学生的积极性，适时提出的问题可以激发学生的问题意识，激活学生探究的原动力。导入之后以“探究之路”为名贯穿整个课堂，引导学生通过小组合作探究的方式，亲身体验科学探究的七个完整的过程：发现并提出问题→收集与问题相关的信息→作出假设→设计实验方案→实施实验并记录→分析实验现象→得出结论。

本节课的教学难点在于对照实验的设计，在授课过程中，需要特别注意引导学生设计实验时要遵循单一变量原则，通过回顾“光对鼠妇生活的影响”这个实验，强化了学生对对照实验和变量的理解。各学习小组在顺利完成实验探究中，能规范操作和记录实验过程，分析和总结出实验结论。学生在观察种子萌发的过程中，真切感受到植物种子萌发的外部环境条件，达成本节课的教学目标。

附：

探究之路

种子萌发的环境条件

姓名：__________班级：____________组别：__________
时间：__________天气：__________

一、“提出一个问题往往比解决一个问题更重要”，勇敢地提出你的问题：

在哪种环境条件下，种子才能萌发？

二、大胆作出假设。

表1　推测种子萌发需要的条件

（在认为需要的空格里打√，不需要的打×）

萌发条件	水分	温度	空气	阳光	土壤	其他
绿豆种子						

根据你所在小组提出的假设，选择其中一项进行探究：

我们小组研究的是：在有____________________的条件下，种子才能萌发。

三、设计实验方案。

1. 准备实验用具：40颗绿豆种子，2个塑料盒，2张标签纸，适量卫生纸等。

2. 方法步骤：在标签纸上分别写清楚实验组和对照组，每个塑料盒中垫上两层卫生纸，各加入20颗绿豆种子。

3. 根据研究内容，分别对实验组和对照组作相应的处理（采用控制变量法）。如表2。

表2　设计实验方案

组别	实验组	对照组
种子	数量__________颗	数量__________颗
水分	含量____________	含量____________
温度	____________℃	____________℃
空气	__________（充足/不足）	__________（充足/不足）
阳光	__________（有/无）	__________（有/无）
土壤	__________（有/无）	__________（有/无）

（温馨提示：室温大约28℃；冰箱冷藏室为4℃；冷冻室为－18℃）

观察过程记录

第一天：

第二天：

第三天：

实验结论：

第四部分：学生对开展“小组合作学习”的感受和收获

三灶中学初中生物课堂开展小组合作学习近3年，先后把七、八年级的4个班级作为实验班进行教学和实践，该教学模式得到了学生的支持和认可。为了更好地反馈教与学的成效，每学年均组织实验班级的学生进行“谈小组合作学习感受和收获”的征文比赛。本部分选用了6篇学生的心得体会佳作，1篇由合作学习小组撰写的课外实践活动研究报告，以飨读者。

小组合作，分享快乐，共同成长

花红柳绿，蝉噪蛙鸣，又是一个怡人的夏日。但在这样的一个夏日，我们初中阶段生物学课程的学习也就要结束了。

两年，四个学期，四本书，一本本写得满满的笔记本……说实话，学习生物并不容易。一个个似懂非懂的生物学概念和原理，一道道不同类型的题目，一个个非常相似的选项，对于刚开始学生物的农村中学生，就像是一座难以跨越的大山。面对我们的困惑，生物老师想尽各种办法，用不同的教学手段去尝试，让我们去理解掌握相关的知识点，直至让我们融会贯通。

七年级的第二个学期，在古老师的倡议下，我们班开展了小组合作学习的教改实验。小组合作学习，顾名思义，就是把全班分成几个小组，每个小组都有组长。在课堂上，老师并没有过多地讲授知识，而是让各个小组成员之间互相帮忙，互相督促学习。做到不懂就问，懂的就讲。这种课堂教学模式，大大地调动了我们学习的积极性，发扬了同学之间团结互助的精神，使我们在愉快的气氛中，通过热烈的讨论和探究学到了知识。我们难懂的知识点，通过小组合作学习都得到了理解和掌握。确实太难的，也得到老师的及时点拨。

对于这种新的学习方式，同学们都抱有很大的兴趣，我们学习生物的积极性也大大提高。尤其是小组之间的竞赛活动，大概是同学们有争强好胜心理吧，各小组之间的竞争特别激烈，每个人都尽力做到最好。因此，课前主动预习，上课认真听讲，课后主动复习成为我们的学习风尚，变被动学习为主动学习。这是我们以前学生物从未出现过的氛围。大家在这种良性的竞争中，互相推动，共同学习，共同成长。比起第一学期，我们学得更透彻，知识点也记得更牢固，生物成绩也稳步提高……

青青的小草，参天的大树，巢中的小鸟……这些生命生活在我们身边，仅仅是无数的生命中很少的一部分。生命点缀了这个世界，让这个星球充满了生机和活力。生物的世界是神奇的、多彩的、神秘的。两年前，我们带着许多疑问敲开了生物课的大门，寻找答案。我们很幸运，遇到这么好的老师，采用了这么好的学习方式，让我们在轻松愉快的气氛中学完了两年的生物学课程。同时，我们从中也提高了语言表达能力，提高了我们的人际交往能力，让我们养成了良好的学习习惯……

谈笑中，分享着，小组合作学习结束了，我们收获了快乐。

竞争中，学习着，小组合作学习结束了，我们收获了成长。

（珠海市三灶中学八年级（2）班　谈琰琦）

（文章点评：黄新明老师）

这是一篇平实性的记叙文，采用了“说真话，抒真情”的写法，记叙了自己初中阶段学习生物的感受，充满了真情实感。同时，字里行间也透漏出对老师的喜爱和赞美之情。文章语句流畅，主题鲜明，用词优美。

合作学习的快乐

我们努力追逐时光的脚步，在分秒中汲取基础知识和收获学习技能。什么样的课堂学习方式是最好的呢？我们认为课堂应该有学生自主和合作学习的时间和空间，有一个团结、积极向上的学习小组主动在一起思考、交流和讨论，相互帮助、取长补短、快乐学习、收获知识。不知不觉，一年半的小组合作学习课堂结束了，课堂开展的小组合作学习的模式让我受益匪浅，真正让我感受到了学习的乐趣和魅力。

课堂教学目标明确，教学环节有趣相扣。你问我答，让同学们可以对上节课的知识进行回顾和巩固；学习目标让大家知道本节课要学习的知识内容和学习任务；先做后学可以使学生了解到本节课的学习内容，并对本节课的知识结构有一个整体认识；课堂展示帮助学生理解和掌握本节课学习目标中的知识点，使学生形成由感性到理性的学习方法和思维方式，提升学生的生物科学素养；巩固提升可以巩固和提升所学的知识内容，提高学生分析问题和解决问题的能力；课堂小结让学生进一步明确和巩固本节课所学的知识目标，帮助学生构建本节课的知识结构；作业布置进一步巩固和提升了本节课所学的知识内容。在以上的学习环节中，以学生为主体，以学习小组为单位，课堂充满民主、开放、和谐、合作和互助的氛围。由四人组成的学习小组在组长的带领下找寻知识点，组织组员协作、交流和讨论，在互助合作的学习氛围中交流学习思想，遇疑解惑，彰显学习思维，展示学习效果。

在学习活动中，学习小组组员会主动地帮助有疑惑的同学，加强了同学之间的沟通与协作，组员一旦对学习问题产生疑问，懂得知识点的学生便主动申请教学，给同学解惑，何况教别人也是一种再次学习的方式，古人云此为“教学相长也”，《兑命》中曰：“学学半，其此之谓乎。”这些足以体现小组学习、讨论、交流的重要性和必要性。

小组合作学习可以充分发挥自己的才华与想法，对每一个知识点的透彻理解都增加了内心的一分自信。良好的交流环境不仅营造了学习的氛围，使得整个班级拥有一个良好的班风，而且小组合作也是升华自己的一种方式，我们懂得了学习的分享能为学习添枝加叶，同时也能为学习带来意想不到的结果和收获。

这一年的小组合作学习，不仅锻炼了同学们的语言表达和口头叙述的能力，而且小组成员在团队学习中能团结互助，共同进步，一起成长。生物老师精心设计的教学环节、图文结合的课件及老师声情并茂的讲解，使我们班的整体学习成绩有了稳步的提升，可喜可贺。

不管是为了自己，还是为了班级、为了同学，我们都应该自觉秉承这种良好的学习方式，大力弘扬合作学习精神，让我们的学习充满活力，一起分享学习的快乐。

（珠海市三灶中学八年级（1）班　虞婷）

（文章点评：古中标老师）

文章真实记录了作者对生物课堂开展小组合作学习的感受

和体会，词句中流露出作者对小组合作学习这种学习方式的认可和喜爱，文章引经据典，条理清晰，用词得当，语句通顺，有感而发，真切感受到小组合作学习带来的快乐和收获。

小组合作，收获知识，感受快乐

从上学期开始，生物老师对我们班的生物课堂进行了改革，开展了以小组合作学习为主的教学课堂。老师通过组织和创设课堂学习活动来提高我们自主学习和合作学习的能力。这种学习模式让我感受到同学之间互相学习、互相帮助的快乐，并从他人成绩和能力的提高中认识到自身的不足。

生物老师有一双浓眉大眼，给人一种严肃的感觉。但实际上，他是一位性格温和并充满爱心的人，更是一位敬业奉献的好老师。他总是能在上课铃响前到达课室，在课前几分钟和学生进行交流讨论。在课堂教学中，对一些抽象的概念，老师会结合精心制作的课件、教具和实物，通过生动形象的讲解，使得抽象的概念变得通俗易懂。当小组合作学习出现“闷闷不乐”的时候，他常用风趣幽默并带有地方口音的普通话及时提醒我们，让我们的课堂瞬间又充满了活跃的学习氛围。他的语言总是能使我们很快地融入课堂并进入积极的学习状态。

开展小组合作学习后，生物课堂变得活跃起来，同学们在课堂上的交流和讨论十分激烈，“兵教兵”的现象在课堂上开始出现。当一些同学遇到了自己不能解决的问题时，学习小组的组长会主动地给他们讲解。如果组内的讨论有争议，可以向老师寻求帮助。在老师的引导以及组长的指导、帮助和组织下，同学们合作学习的良好习惯逐渐形成。

每节课老师会根据学习小组在课堂上的表现评选出优秀的学习小组。这种做法调动了小组成员学习的主动性和积极性，激发了同学们在课堂上表现的热情。为了小组的集体荣誉，那些腼腆的同学变得敢于举手提问和发言，这不仅提高了同学们的语言表达能力，对学生胆怯心理和沉闷性格也有了很大改善。所以，优秀学习小组的评选，不断增强我们小组的合作意识，凝聚了团队的力量，提高了合作的技能，同时也让我们感受到学习的快乐和成功的喜悦。

这学期6月份，我们将迎来初中生物学毕业水平考试，初中阶段两年的生物课学习也进入尾声。我们留恋这种合作学习的课堂，课堂上不仅收获了生物学知识，也感受到学习的快乐。让我们为每一位参与合作学习的小组成员点赞。

（珠海市三灶中学八年级（1）班　曾佳琪）

（文章点评：李诗娴老师）

这篇文章的语言并不华丽，但情感丰富而真实，写出了作者对生物小组合作学习课堂的感受和体会。生物课堂的改革是成功的，学生成为课堂主体的同时也感受到了学习的快乐。学生对生物老师给予了高度的评价，用朴素的语言表达了自己对老师的喜爱，充满真情实感。

谈谈小组合作学习的收获

从上个学期开始，我们班生物课堂开展了“小组合作学习”活动，我参与其中，一路走来，收获颇多。

刚开始进行小组交流讨论时，大家都很少说话，彼此很是生疏，但经过了一个学期的相处，在老师的指导和启发下，我们学习小组成员之间渐渐产生了默契和信任，大家不再拘束，大胆表达自己的想法，一起讨论，相互学习，共同进步。

小组合作学习的好处很多，我总结出了以下几点：

1. 小组合作学习使我们的胆量增大了。原来的课堂，是班内“优秀生”的舞台，很多学业成绩在中下游的同学缺乏自信心，不敢把自己内心的真实感受表达出来。由于小组合作学习强调小组中每个成员都必须参与到教学的学习活动中，使每个成员都带有极大的热情，各抒己见，人人都尽其所能，每个同学都有了发言的机会，很多同学也鼓起了勇气，大胆举手发言。

2. 小组合作学习提高了我们的组织能力。作为学习小组组长，有责任和义务根据组员的个性特征和能力水平状况，组织小组成员开展并参与学习活动，思考和分析学习问题，完成老师布置的学习任务，对于被动学习的同学要经常进行沟通和引导，发动组员帮扶，取长补短，共同进步。

3. 小组合作学习培养了学生学习的自觉性。由于作业的上交和完成质量会直接影响优秀学习小组的评比，一旦有小组成员没有按时完成作业，同组学习小组成员就会督促、指导或帮助他们去完成。渐渐地，我们摒弃了以前随便应付生物作业的不良习惯，形成了自觉、认真完成生物作业的学习氛围。

4. 小组合作学习增强了我们学习的责任感。课堂每节课评选最佳学习小组是根据学习小组的课堂表现、合作态度及学习任务的完成等情况来进行综合考量，为了这个集体的荣誉，小组成员间的学习自觉性提高了，以小组为荣的学习责任感增强了，学生基本养成了课前预习、课堂参与、课后复习的学习习惯。一个学期下来，“要我学”的同学变少了，“我要学”的同学增多了。

“合作学习小组”使我们成了一个学习小团体，一个班便是一个大团体。小组合作是一种学习方式，我觉得更多的是需要自己的主动和组员的参与。经过了一个学期的小组合作学习，不管在学习上还是能力上，我们都有收获。在学有所获的同时，我更加感受到小组团队学习的魅力。我相信，只要大家团结一致，集思广益，共同努力，我们的学习小组就一定会更加优秀。

（珠海市三灶中学七年级（9）班　胡曾婕）

（文章点评：古中标老师）

文章真实表达了作者参加小组合作学习的个人感受，尤其是提到课堂不再是“优秀生”学习的舞台，这点让老师感到非常欣慰。在小组合作学习中，让每一位学生都参与其中，主动学习，共同进步，这才是本次生物课堂进行教学改革的真正目的。

小组合作学习使我学习进步

进入初中以后，我接触了多个新的学科，其中就包括生物学科这一门。由于它的毕业水平考试成绩不计入中考总分，在平时的学习中，它在我们心目中的地位不高。在七年级的时候，我不曾认真对待这些所谓的“副科”，课堂上走神或者看看课外书是经常发生的事，总觉得老师的课提不起我们学习的兴趣，每逢考试，“随缘”应对也能勉强混个及格。久而久之，班上很多同学也出现类似的情况，在副科课上迷失方向，想学的学不进，不想学的更是一点都不听。

时光匆匆而过，转眼间来到八年级，接手我们班生物学科的是古老师，他提出了生物课堂开展小组合作学习的设想和打算。就这样，一种新的学习模式在生物课堂开始了。教学环节中的你问我答、先做后学、课堂展示、巩固提升等都需要小组合作来开展学习活动，课堂老师讲得少，把多数时间留给学生去思考、讨论、交流及探究，课堂上同学间讨论和交流的声音多了，对课堂上表现欲望强的同学，课堂也充满机会，一堂堂课下来，我们班同学对生物学科的学习热情发生了很大转变，课堂纪律变好了，课前预习、课堂积极表现和课后复习也成了我们日常的学习习惯。

这种良好的学习氛围直接影响到我班的学习成绩，七年级的期中和期末生物学科考试成绩，我们班的平均分、及格率和优秀率一直排在年级中下水平，通过开展小组合作学习，在八年级第一学期期末考试成绩中，我班的优秀率、平均分和及格率排在年级第一名。就我个人成绩而言，八年级的几次测试和考试，测试成绩从 69 分起，到 85 分、90 分稳步提高，期中考试中取得了 92 分，获全年级第三名，期末考试还取得了全年级第一名的佳绩。当然，我的 4 人学习小组，组内平均分也稳坐班内第一，可喜可贺！

初尝胜果的我并未满足于此，我还需攀爬科学知识的高峰。作为组长，还有待提高自身组织、协调、沟通等能力，小组成员间互相督促、互相学习、相互帮助和鼓励方面还需要更进一步加强。借课堂兴起“小组合作学习”的东风，我们将进一步激发学习生物学的热情，快乐学习，共同成长。

（珠海市三灶中学八年级（9）班　黄辰）

（文章点评：古中标老师）

黄辰同学以前是一位性格偏内向，不善于表达言辞的女孩子，通过开展小组合作学习这个活动，她身为组长，为了学习小组的集体荣誉，她主动与组员沟通，积极组织小组成员参与学习交流和讨论，帮助小组成员解决学习中的困惑。她在收获学业成绩进步的同时，也提高了自身的组织、协调、沟通、语言表达等能力。推进小组合作学习，让每一位同学都像黄辰同学这样有学习、锻炼和成长的机会。

我们在一个充满“爱”的小组中学习

时光荏苒，转眼间一个学期的学习生活又过去了。在这个学期中，我很荣幸地跟三名同学分配到一个小组。虽然我们四个同学学习成绩都不算是班里的前列，但是我相信通过团队同学们的互帮互助，团队精神会成为学习上的一种催化剂。在我们的学习小组，只要一名同学在学习上遇到困难，其他小组成员都会尽自己最大的能力去帮助他、开导他，在他人获得知识的同时，自己也得到进步，何乐而不为呢？比如有一次，上生物课之前我忘记了课前预习，导致在课堂上的先做后学教学环节跟不上节奏，学习小组成员看到了我的紧张和困惑，主动靠近我，帮我一起寻找问题的答案，我边写边听他们指点讲解，不出 8 分钟，我完成了先做后学的学习任务，还留出了一点时间与小组成员一起讨论和分析本节课的学习知识问题。

记得在八年级刚开学的时候，任教我们生物学科的古老师在他的第一节课上，提出生物课堂开展小组合作学习的意见和建议，他把上一届八年级开展小组合作学习的做法和成功经验跟我们做了介绍和分享，并按照我们现行的座位，把前后相邻四个同学组成一个学习小组，生物课堂以学习小组为单位开展学习活动。他提出每节课评选最佳学习小组的做法，使我们学习小组四人当时就约法三章：一是每节生物课之前要有预习，每节课课后要进行复习；二是碰到不理解的问题及时请教同学和老师；三是在课堂上主动积极发言，不懂的举手提问。

在这个学期的生物课堂上，我们学习小组有很多的时间去思考和讨论本节课的知识问题，在老师的启发和小组成员的互助下，所学的知识内容也很快被我们理解和吸收。在收获知识的同时，也收获了同学间的爱心和友情，并一起分享到学习的激情和快乐，一起进步，共同成长。

一个学期下来，虽然我们学习小组的课堂表现、作业完成及考试成绩每次都能得到老师的褒奖，学期末还评上了优秀学习小组，但是我身为组长，生物学科的成绩还不够理想，我很自责！身为一个组长，没有带好头，这是我的不足。如果下个学期还有机会当学习小组组长的话，我一定加倍努力，做好榜样。

（珠海市三灶中学八年级（9）班　秦海）

（文章点评：古中标老师）

学习小组是一个充满爱的集体，在小组合作学习活动中，小组成员团结互助、主动学习，在收获知识的同时，也收获了同学间的友情，并一起分享到学习的激情和快乐，一起进步，共同成长。

"金湾区三灶镇城区河道——北排河水质调查及治理措施研究"活动报告

珠海市三灶中学　八年级生物兴趣小组

指导老师：古中标　李诗娴　汤国新

一、活动背景

城区河道是城区居民繁衍生息的重要通道。可是随着工业的发展、城市化进程的加快，城区河道受到了严重的污染，改造和治理城区河道，还城区河道水以清澈，是目前城区发展中人类面临的重要课题。

三灶镇北排河是三灶镇城区的重要主河。据了解，北排河河道是三灶镇城区主要的排洪和排污河渠，并非真正意义上的河流，河渠中主要汇聚了镇内的雨水和污水（生活污水、建筑污水和工业污水等），由于上游没有"活水来"，渠水自我净化功能极弱，长期"一潭死水"加剧了渠道的黑、臭现象，被当地居民戏称"黑水河""臭水沟"。金湾区和三灶镇一直高度重视对北排河的整治，近年来，三灶镇人民政府投入大量的资金进行北排河截污工程，兴建了应急污水处理系统，挖深扩宽疏通河道，在河两岸砌挡土墙，建设一个引水管道，从大门口水道引水到北排河上游，自上而下，对河床进行冲洗，打造活水景观带。同时，建设北排河的景观，在河渠两岸设置休闲桌椅、路灯绿树等，立意将其打造成当地居民休闲娱乐的好去处。但由于河渠污泥污水淤积和居民不自觉排放污水、丢弃垃圾，使河水散发出阵阵异味。作为珠海西区重镇——三灶镇，在发展经济的同时，是否能够处理好与环境的关系？我们所在的城区水环境状况究竟如何？城区河道污染主要来源是什么？由于污水中含有大量的病原体和有毒物质，对我们人体的健康和其他生物会产生哪些严重的危害？带着这些问题，珠海市金湾区三灶中学八年级学生在 2017 年 8 月成立了北排河生态环境研究课题兴趣小组，对北排河状况及治理措施开展研究活动。

实施该科技活动以来，学校为课题研究生物兴趣小组提供了由生物、化学老师和实验员组成的指导团队。学生们进行了广泛的生态系统考察、调查，进行了大量的水质分析、水体生物培育等实验，走访了当地居民、沿河社区、三灶镇市政管理服务中心等部门。在活动中，学生们从问题出发，提出假设，设计方案，经历自主的调查访问、实验验证、分析数据等环节，最后得出结论与建议。

本次活动以“关注北排河，创建宜居城区”为主题，以组织同学们调查研究北排河水质情况及其周边的生态情况和北排河的治污措施等活动为主体，积极鼓励学生投入到发现生态问题、处理生态问题的过程中来。认识到城区的快速发展和人口快速增长，使城区河道不堪重负。提出如何科学、有效地建立城区生态河流，如何处理污水和城区发展的矛盾的一些有益的建议。我们希望本次活动的开展能使学生更好地了解到保护水资源的重要性和污水处理对解决水污染问题的积极意义。

二、活动目标

1. 通过研究性课题实践活动的开展，增强学生探究和创新意识，提高学生科学思维能力，体验和学习科学研究方法，发展综合应用知识能力。

2. 通过实践探究活动，培养学生科学的问题意识，以人文精神和态度，从社会生活的现实中发现、提出问题，抓住问题的本质，判断问题的价值，使学生逐步形成善于质疑、乐于探究、勇于实践、勤于求知、积极向上的精神。

3. 通过实地考察、访问调查、查阅文献等，培养学生关注社会及社会发展的责任感，关注经济发展、资源利用、环境保护对自然、社会的各种影响，促进学生个性的健全发展及学习方式的改变。

4. 在活动实施过程中，培养学生的合作意识和合作能力，体会到分工协作的必要性和重要性。锻炼学生的胆识，增加学生的社会责任感，用集体智慧和创新思维提高学生分析问题和解决问题的能力。

5. 使课堂教学走向研究性教学，课程实施更趋向于面向学生的生活实际，改革传统、单一、封闭的课堂教学模式，体现“从生活走进科学，从科学走向社会”的新课程改革理念，带来师生关系的转变，引起教师的角色和执教方式的转变。

三、活动对象

三灶中学八年级生物兴趣小组。

四、活动的研究方法

参加实践活动的学生运用了大量科学研究的方法，如调查法、观察法、实验法、文献研究法等。

1. 调查法。

在课题研究中，学生们分别开展了社会调查、专题访谈等工作，获得了大量第一手资料。（见图 1、2）

图 1　到三灶镇农业技术服务中心调查访问

图 2　对当地居民调查访问

2. 观察法。

观察法在小组课题研究中得到了广泛应用，课题组的成员通过在北排河三个河段观察水体的颜色、水流、动植物分布情况、周边的环境等，为课题的深入研究打下了扎实的基础。(见图 3、4)

图 3　到星汉路 1 号桥河段观察

图 4　到圆镇桥河段观察

3. 实验法。

实验法是自然科学研究中的一种常用方法，课题组的同学通过对比实验的方法，模仿科学家研究的过程，精心设计实验，严格控制无关变量，力求科学、严谨，取得了很好的研究效果。(见图5、6)

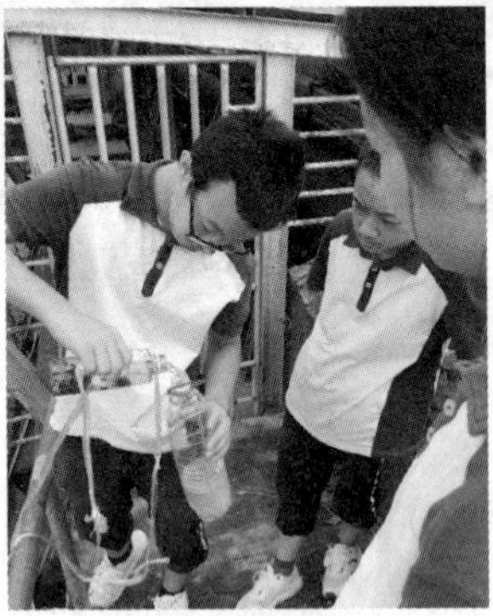

图5　到圆镇桥采集水样

图6　对采样水在显微镜下观察

4. 文献研究法。

学生利用课余时间和节假日时间，上网查找资料，到学校图书馆查阅文献，利用各种资源开展了专题学习活动，为课题研究提供了理论的指导。(见图7、8)

图7　网上搜集资料

图8　到图书馆查阅文献

五、活动实施情况

（一）活动内容

北排河是贯穿三灶镇主城区的一条重要的景观河流，从周边居民处了解，北排河原来很小，河水清澈见底，后来随着城市化、工业化进程的加快，北排河受到了严重的污染。本次活动以“关注北排河，创建宜居城区”为主题，以课题组成员调查研究北排河周边和生态情况、北排河水质变化情况，以北排河治污措施等活动内容为主体，积极鼓励学生投入到发现生态问题、处理生态问题的过程中来。认识到城区的快速发展和人口快速增长，使城区河道不堪重负。提出如何科学有效建立城区生态河流，如何处理污水和城区经济发展的矛盾的一些办法。我们希望课题组通过发挥集体智慧和创新思维，担负起这个重任。这次科研活动主要由多个课题（任务）组成：（1）北排河河段水体 pH 值和温度的变化对比状况；（2）北排河周边的生态环境调查；（3）北排河水体培育花生种子、绿豆种子调查研究；（4）北排河水体养殖金鱼调查研究；（5）净化北排河生活污水的设想；（6）净化北排河工业污水的设想；（7）三灶镇政府对治理北排河的措施；（8）对北排河治理的建议。

（二）重点、难点、创新点

1. 重点。

活动小组通过实地考察、参观访问及网上查找，充分了解北排河在改造前和改造后周边生态系统的状况，充分了解北排河在改造前和改造后水质状况的变化，充分认识到保护河流的重要性，通过查阅资料充分地了解有关水质检测的常用方法，了解污水排放及处理的相关问题，设计每一次活动方案和流程，并将其实施。学生在活动过程中学会利用网络技术进行文献查阅、资料分析、问题检索并与实践相结合，学习了发现问题、提出问题、设计方案、进行实验、分析数据、得出结论的科学研究基本过程，并培养运用所学知识解决实际问题的能力。

2. 难点。

如何比较科学地反映北排河水质状况？对于在校初中学生来说难度较大，没有较为科学的实验仪器。同学们只能利用现有条件，想办法进行实验。通过指导老师的建议，结合学校的实际和学生掌握的技能，最后采用 pH 值和温度的对比，不同水体花生种子和绿豆种子的培育，不同水体金鱼的养殖等实验，通过北排河水体与自来水的比较，通过北排河星汉路 1 号桥、圆镇桥、唐人街东桥水质的比较，最后客观地得出北排河星汉路 1 号桥、圆镇桥、唐人街东桥的水质状况。

3. 创新点。

在本次活动中，参与活动的学生面临生物、地理、人文、资源、环境、经济等问题或课题，学生自主提出假设、设计方案、查阅资料、调查访问、实验验证、分析数据、得出结论，经历了完整的科学探究过程。就北排河的治理，对政府部门提出了微生物修复技术、植物修复及投放鱼类的治理建议，这样既培养了学生的科学探究的意识，又培养了他们的社会责任感。

（三）活动场所和器材

1. 活动场所：北排河星汉路 1 号桥、圆镇桥、唐人街东桥河段及周边，学校生物实验室等。

2. 器材：自制采水工具，pH 值试纸、温度计、显微镜、广口瓶（养殖金鱼）及烧杯等。

（四）活动过程和步骤

1. 由学生提出问题，通过调查访问，引导学生进行关于身边环境问题的发现与讨论，确定活动的主题。

2. 利用信息技术（网上查找）进行文献资料的查阅和访谈，了解北排河的相关历史，了解科学调查、研究的基本方法，了解水体污染方面的相关信息，准备检测、测量所需的相关器材。

3. 组建课题组，设计活动方案。

4. 活动前期考察阶段：研究小组前往北排河进行初次实地考察，了解北排河城区河段河宽、水深、流速、流量等基本情况，了解北排河星汉路 1 号桥至唐人街东桥河段居民区、工业区及建筑群的分布情况，初步观察北排河各河段的水质状况和排污口的排污情况。(见图 9、10)

图 9　唐人街东桥河段水质状况

图 10　在建楼盘

5. 初步调查阶段：通过初步调查发现，北排河星汉路 1 号桥至圆镇桥河段是工业区域，该河段水主要是工厂排出的废水；圆镇桥至唐人街东桥河段是居民生活区域，途中有在建楼盘，该河段水主要是生活污水和建筑废水。研究小组在了解北排河概况的基础上展开讨论、交流，并最终确定出下一步研究的方向，将北排河流经城区河段划分为星汉路 1 号桥、圆镇桥、唐人街东桥三个河段，决定对三个河段的水质状况、污染源，动植物分布状况，北排河现有的治理措施，北排河周边的生态环

境等方面展开调查研究。（见图 11、12）

图 11　自制采水工具取水

图 12　圆镇桥采水点

6. 深入研究阶段。

第一阶段，研究小组成员先通过望、闻、问的方式对北排河的水质有了初步的判断，在北排河选取了不同的采样点（星汉路 1 号桥、圆镇桥、唐人街东桥），将采集的水体带回实验室，开展对比实验研究，分别用北排河星汉路 1 号桥、圆镇桥、唐人街东桥采集的水样与自来水作为研究对象，在不同的水体中培植绿豆种子和花生种子，研究水体与植物的相关性研究；在不同水体中养殖金鱼，研究动物与水体的相关性。（见图 13、14）

图 13　金鱼养殖

图 14　花生种子培育

通过实验最终得到初步结论——工业区河段污染较为严重。

第二阶段，随着北排河改造工程的启动，北排河的自然生态河流遭到破坏，取而代之的是水泥河床，该河段的生态系统发生了变化，水体中动植物分布少，水体净化功能弱，政府部门采用河段分段拦截，建设一个引水管道，从大门口水道引水到北排河上游，自上而下，对河床进行冲洗，从而净化生活污水，但这种治理措施是否科学可行，值得商榷。

7. 成果展示及交流讨论阶段。

每一阶段结束后，研究小组进行组内讨论交流，并将活动成果制作成 PPT 在校内汇报展示。（见图 15、16）

图 15、16　成果汇报

（五）活动中遇到的问题及解决方案

问题一：学生在对北排河生态系统考察的过程中，如何比较客观地评价河段水质状况呢？如果仅凭看环境、闻气味，显然是不太客观和准确的。

解决方案：学生通过上网查阅资料，寻找解决方案，结果了解到目前最常用的检测水质的方法是：检测水体的 pH 值和温度，通过植物种子的培育对比实验、金鱼毒性实验可以较为客观地分析出水体污染状况。课题组成员通过多种方法进行比对，学到了很多书本上学不到的知识，拓宽了知识视野，提高了解决问题的能力。

问题二：北排河污水来自哪里？很多排污企业和作坊是偷偷排放的，从排污口很难发现排污的源头。

解决方案：同学们通过现场观察和拍摄排污口及漂浮垃圾的照片，建议政府加强公益宣传，同时对企业和作坊的排污加强监管。

问题三：在不同水体金鱼养殖实验中，对养殖瓶中金鱼排泄物得不到及时清理，导致水质产生变化影响实验结果准确性的问题。

解决方案：张禹同学小组设计用小铁丝和废毛巾制作捞网，每天小心翼翼清理金鱼排出的排泄物。

六、活动效果

1. 在“金湾区三灶镇城区河道——北排河水质调查及治理措施研究”科技实践活动中，学生面临生物、地理、人文、资源、环境、经济等问题或课题，学生自主提出假设、设计方案、查阅资料、调查访问、实验验证、分析数据、得出结论，经历了完整的科学探究过程。

2. 学生通过本次科技实践活动的实施，体会到知识与生活息息相关，激发了学习的兴趣和积极性。通过开展这次科技实践活动，让学生锻炼了胆识，加强了社会责任感，懂得了人与人交流和沟通的技巧，体会到相互合作的乐趣。

3. 通过本次科技实践活动的实施，引导学生关注身边的环境。北排河水体质量的好坏直接影响到城区居民的生活质量，生物兴趣小组从多方面对北排河的环境进行调查研究，既培养了学生科学探究的意识，又培养了学生的社会责任感。

4. 在本次科技实践活动中，学生通过对比调查研究、实验证实等环节，真正体验到了理论与实际相结合的过程。通过创意设计和模型制作、汇报展示等环节，培养了学生的创新思维能力，动手实践操作及合作交流能力。

5. 通过本次科技实践活动的实施，我们深深认识到科学教育的实施与途径是：只有在活动中放手让学生作为主体，既有利于启迪学生的科学思维和兴趣，又激发学生对问题产生敏感、好奇心，萌发创新火花，才能为学生的充分发展开辟广阔的空间。只有强调学生的亲身经历，依靠社会、自然这个大课堂，在“学”“做”“考察”“实验”“操作”等一系列活动中发现和解决问题，体验和感受生活，发展实践和创新能力，学生才能在更广阔的环境中开阔视野、培养兴趣、增长知识、发展能力、陶冶情操。

6. 在本次科技实践活动中，根据北排河的生态特征和水质状况，课题组成员通过多种渠道查阅相关资料，根据三灶镇着力打造环保、节能城区的发展方向，就北排河的治理，对政府部门提出了微生物修复技术、植物修复及投放鱼类的治理建议，供政府部门参考。（见图 17、18）

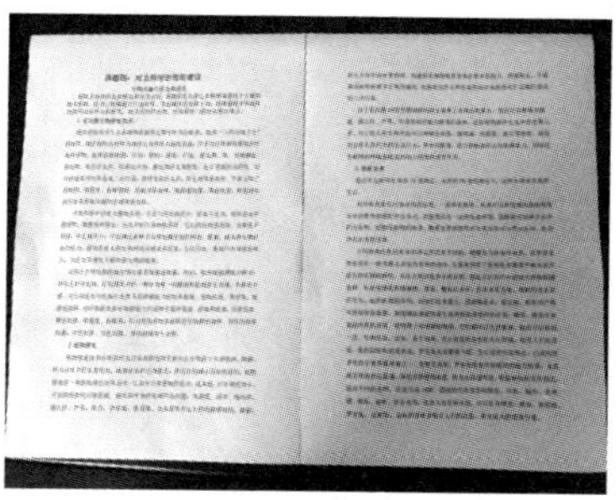

图 17　对治理污水的设想

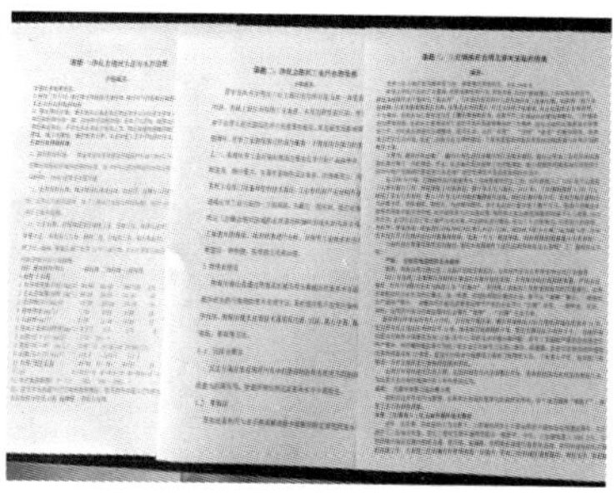

图 18　对治理污水的建议